幸せ上手さん習慣

★ ★ ★

天星術占い師

星ひとみ

小学館

はじめに

あの人はなんであんなにツイてるんだろう？
どうしてあの人にばっかりラッキーが起こるの？

あなたの周りにも、そういう人はいませんか？
きっといつ会っても幸せな笑顔だったり、人生がうまく運んでいて、パワフルなオーラに包まれていたり…。

だからこそ思ってしまうはずなんです。
「どうして私は…」「私なんて…」――
そういった考え方は、一度手放してみてください。

運やツキというのは、誰か特別な人のモノではなく
誰のもとにも平等に巡っているモノ

ただそれを自分のものにできるか、遠ざけてしまうかの違いなんです。

すべてはあなたの選択しだいで
運命が変わっていきます

この本で私がお話しする「**幸せ上手さん**」とは、その選択が上手な人のことをいいます。逆にあまりうまく選択できない人が「**幸せ下手さん**」です。

いったいどういう人なんだろう？


そう思った人のために、ひとつ、お話しさせてください。

朝出かける前、つけていたテレビの占いコーナーが始まりました。

「ラッキーカラーは"赤"」

そう言われた時、次にあなたはどういう行動を起こしますか？

「そうなんだ！」と、赤いハンカチを持ちますか？

あるいは「赤って嫌いな色だし…」とスルーするタイプですか？

幸せ上手さんはハンカチを持ちます。

もしかしたら、赤いジャケットを羽織るかもしれませんし、下着を赤いパンツにはきかえるかもしれません。

「きっと今日は楽しいことが起こるハズ」

ワクワクときめいて、スキップするかのような足取りで出かけていきます。


一方幸せ下手さんは、そもそもこの占い結果を見なかった、聞かなかったことにするでしょう。せっかくのアドバイスをスルーしてしまったことで、心の奥底に小さな罪悪感が芽生えるかもしれません。それに気付かないフリをしている場合もあるでしょう。

さぁ、ここが運命の分かれ道

いまのお話を聞いて、幸せ下手さんに心あたりがあるなぁと感じたあなた。

「運やツキを占うなんて、目に見えないものなんか信じない」

私はそう思う人がいてもいいと思っています。

考え方、受け取り方は人の数だけあり、人生における選択に間違いも正解もありませんから。


ただ、こういう時、ポジティブに、素直に、変化できる人が幸せ上手さんだなと私は感じます。そしてそういう人は、いつもキレイな空気をまとっています。

運やツキは流れるもので
停滞させたら悪いものがたまります

体は血流が悪くなると、いろいろな病を招きますが、それは心も同じ。

風通しを良くしておくと、心が整い、運やツキを受け入れる土台となる体も万全の状態になります。あれこれ言い訳したり、否定して、自分だけの世界に閉じこもったり、新しい世界に拒否反応を示したりしていると、まとう空気はどんよりし、気付いた時には幸せ下手さんに。そして幸運体質からも遠のいていってしまいます。

人はみんな平等に"心のパスポート"を持っています
いつでも、どこでも、心のままに、

新しい世界へ飛び立てる

いまこの本を手にしているみなさんは、そのパスポートを使って、出国審査が終わり、飛行機の席に座ったところです。

読み進めていくなかで、気圧の変化を受けた時のように、気分が悪くなったり、イライラしたりして、もうヤダなぁと引き返したり、強行着陸してしまうことがあるかもしれません。

このフライトがあっという間と感じるか、長くてしんどいと感じるかも、人それぞれでしょう。

無事に新しい世界に到着したあと、入国するかどうかも、あなたしだい。そのまま元の世界へ引き返すこともできます。

そう、人生は、選択は、運命は、あなたが決めるのです

この本は「もっと幸せになりたい」「より良い未来にしたい」と思っているすべての人のために、私が出会ってきた幸せ上手さんが知っている習慣をまとめさせていただきました。

さぁ、テイクオフの時間です。

まだ知らない世界をのぞき、ときめきいっぱいの幸せ上手さんの習慣を感じてみてください。少しでも取り入れることで、幸運と仲良くなれますように。

あなたなら大丈夫。幸せのヒントをきっと自分のモノにできるはず…。

それでは素敵な時間をお過ごしください。

星ひとみ

はじめに

目次

第2章 幸せ上手さんは「おうち」上手

第3章 幸せ上手さんは「キレイ」上手

浄化

第4章　幸せ上手さんは「食」上手

いただきます

第5章　幸せ上手さんは「夢」上手

第6章　幸せ上手さんは「見た目」上手

第7章　幸せ上手さんは「自然」上手

第8章　幸せ上手さんは「付き合い」上手

幸せ上手さんの「お楽しみ」

第 1 章

幸せ上手さんは「好き」上手

あなたは自分を好きですか?
戸惑いもためらいもなく、ただ笑顔で、
「好き」と即答できるあなたは
「幸せ上手さん」です。
少し考え込んでしまったあなたは
「幸せ下手さん」になっています。
どうやったら自分を好きになれるか?
ときめき習慣の基本がここにあります。

★自分を「好き」で包んでいる

「出会いがないです」
「どうしたら恋人ができますか?」
「結婚したいんですけど…」

私への相談のなかでも、こういった恋愛に関するものはとっても多いのですが、一言で答えるのは大変難しい内容です。

「幸せ上手さん」と「幸せ下手さん」では大きな違いがあって、それは、「自分をちゃんと愛せているかどうか」ということ。
「自分を好き」という土台がある人は、たとえこういった悩みを抱えていても、それは一時的なことで、数か月後、数年後に、必ず幸せをつかんでいるなぁというのが実感としてあります。

対して幸せ下手さんは「私をわかってほしい」「愛されたい」などと求めてばか

りで、自分のことがおざなりになっていることが多い。「私なんか…」と自虐がセットになっていることも少なくありません。

★「自分が好き」ではなく「自分を好き」♡

また「自分が好き」な人も幸せ下手さんです。

「自分を好き」と「自分が好き」、「を」と「が」の1文字違いですが、これが運命を分けます。

「自分が好き」な人は、ナルシストが入ってきて、それは決して悪いことではないのですが、自分が完璧だと思うあまりに心が頑固になり、扉が鎖でガチガチにしばられている状態に。

せっかく良い出会いがあったとしても、心を開けずに終わってしまうのです。

★新しい「好き」「ときめき」を習慣にできる

幸せ上手さんは、とにかく一日中ときめいています。

朝起きて天気が良ければ、「今日はこの前買ったロングスカートを着ていこう♪」となるし、雨でも「久々にレインブーツを履ける♪」となる。ランチは何を食べようかとワクワクして、帰宅後は「録りだめてたドラマを見よう」、「漫画の新刊を早く読みたい」…。

子供の頃からの日課もありますが、幸せ上手さんは新しい「好き」や「ときめき」を生活に取り入れることにも積極的です。

ここ最近、私がお聞きした、幸せ上手さんたちの新しい習慣を少し書き出してみますね。もしかしたら、あなたの「好き」や「ときめき」の参考になるかも。

- 朝と夜、ストレッチをする
- スクワットなどの筋トレ
- 週に一回、花屋さんに行く
- パンを焼く
- ハーブを育てる
- 家庭菜園で野菜作り
- ランニングで体力をキープ
- お弁当を作る
- 近所の公園を散歩する
- 電波デトックスの時間をつくる
- 早寝早起き

- 豆を挽いて、コーヒーを淹れる
- 自分的映画ランキングを作る
- マイフェーバリットの音楽リストを作る
- 絵を描く
- 写真を撮って、SNSにアップ
- 洋服のリメイク
- 株の勉強
- 毎日体重計に乗って記録する
- 食器棚の掃除と入れ替え
- クローゼットを整理する

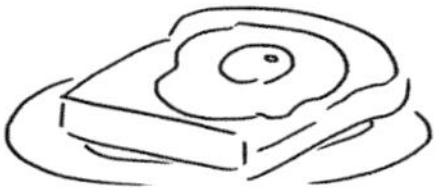

★「さすが」「すごい」「すてき」が自然に出てくる

それでも自分の「好き」が何かわからない人もいるでしょう。「好き」を見つけたり、まして習慣にするなんて、忙しくてできない！　という人もいると思います。

そんな時は、「さすが」「すごい」「すてき」という言葉を意識的に使ってみてください。"幸せの3S"ともいわれていますが、幸せ上手さんは一日に何度も使っています。

よく見ているテレビや動画、雑誌や本を見たり読んだりして、少しずつ、少しずつでいいのであなたの心をほぐしてみましょう。

★一緒にいる人を笑顔にさせている

幸せ上手さんは、「さすが」「すごい」「すてき」と胸をときめかせる習慣がありますが、それは一緒にいる人、近くにいる人に対しても同様です。

自分がときめいたことを、ストレートに相手に伝えられる素直さもあるので、幸せ上手さんはいつもハッピーオーラに包まれています。

★朝は太陽の光を浴びる

昔から"早起きは三文の徳"といわれ、朝活という言葉は定番となりました。人間の体は早起きし、太陽からのやさしい光のエネルギーを受けることで、気の流れをスムーズにし、運気も良くなっていくと考えられています。

毎朝、なかなか起きられない人も多いでしょう。

「もう少しだけ…」と布団でダラダラしたい日もあるでしょう。

幸せ上手さんには、そういう朝はほとんどありません。今日という日が好きでたまらないから。新しい一日が始まる、何か楽しいことが起きるんじゃないか――そんなワクワクでいっぱいなんです。

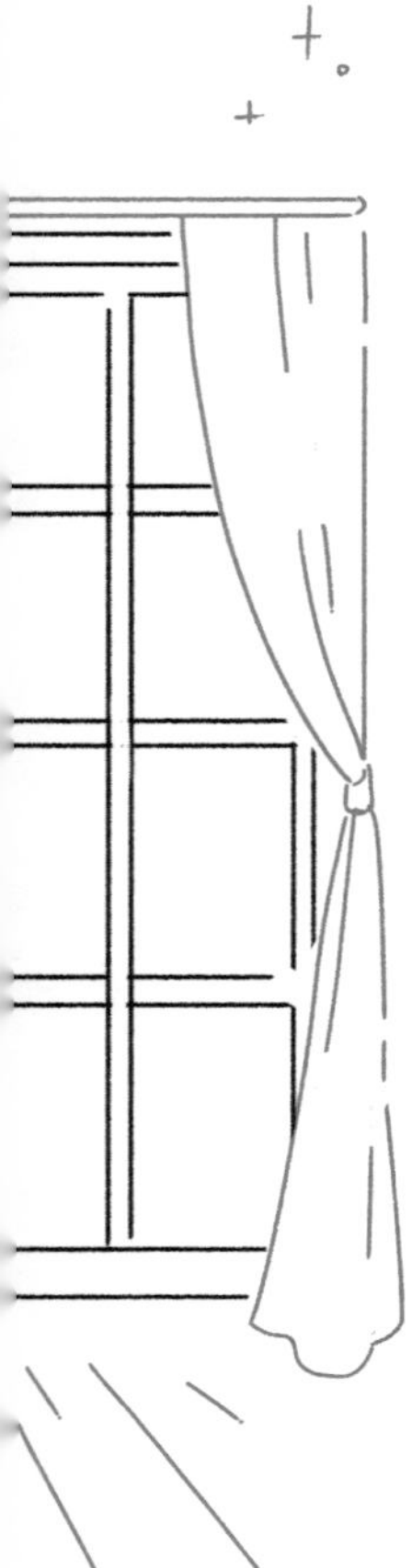

なので、朝、寝坊して慌てて準備して、何か忘れ物をしたり、「こんな服で出てくるんじゃなかった」「履きたいのはこんな靴じゃなかった」みたいなことはまず起こりません。

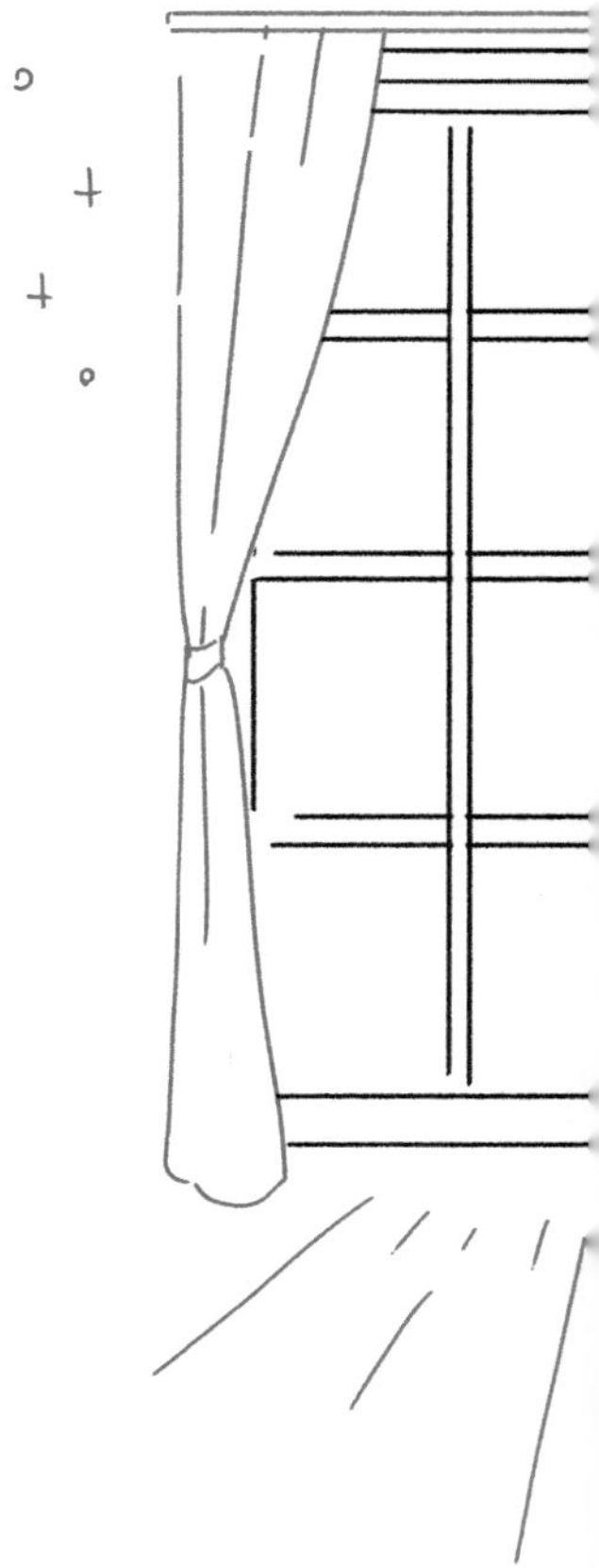

★日光浴をする

「天気のいい日に、一日中家の中にいるのはもったいない」

そういう考えの幸せ上手さん。日光浴をしてみたり、走ったり、ウォーキングしたり、たまに公園でランチをしたり。ベランダに出て深呼吸し、たっぷり酸素を取り入れます。

皮膚が太陽の光にさらされると、体内でビタミンDが作られます。「太陽ビタミン」とも呼ばれ、骨の健康にはとても重要だと知られているほか、生活習慣病や、うつ病のリスクも低下することもわかっています。幸せ上手さんは、太陽が万能薬であることを無意識に知っているのかもしれません。

第 1 章

★スマホから距離を置く時間がある

そうした日光浴の時間には、スマホを手放すようにしています。

スマホが浸透し始めた時は、社会は便利になり、もっと自分の時間が持てるようになると思われていましたが、実際はどうでしょうか? 確かに生活は便利になりましたが、スマホに依存しすぎている面も。

朝起きて、スマホを手にした時から、やるべきことがあるのに、気になったニュースを検索し、どんどん関連情報をクリックし、いつしかスマホに依存しすぎている時間ばかりが過ぎていく…。

カフェに行っても、目の前の友達より、スマホの友達に夢中だったり、ず〜っと無言でスマホとにらめっこをしているという光景を目にしたことがあると思います。もしかしたらあなた自身がそうなっていて、スマホにとらわれてしまっている可能性もあるかもしれません。

幸せ上手さんはそんな生活のなかでは、自然の匂いや空気を肌で感じ取ることができないことを知っています。

ここで五感についてお話ししましょう。

視覚、嗅覚、味覚、聴覚、触覚の五感は、直感を磨く器官ですが、なぜこんなお話をするかというと、幸せ上手さんは、直感がすぐれているからです。いま自分が何をすれば幸運の波に乗れるかを瞬時に判断できる。毎日の習慣のなかで五感を使い、磨き、直感を高め、強運を引き寄せています。

スマホから距離を置く時間こそ、直感を磨く簡単な方法だったりします。

★雨の日は煮込み料理を作る

だからといって、雨の日が嫌いというわけではありません。

予定がなくなって、おうち時間が増えるからと、朝から煮込み料理を作る人も多いです。

積ん読になっていた本を読んでいる合間に、鍋の様子をのぞいて、コトコト弱火で数時間。野菜やお肉、お魚を煮込んだだけですが、とってもスペシャルなメニューに。夕飯の食卓に並ぶことを想像してときめきが止まりません。

雨の音に耳を澄ましてみましょう。一滴、一滴、したたる雨の雫。その空気を感じながら流れるメロディーは、実は心の浄化につながります。自分自身をリラックスさせ、ヒーリング効果も高いということを知っているのか、幸せ上手さんはみなさん、「雨が好き」と言います。

★頑張った日は自分にご褒美をあげる

普段から「頑張らなきゃ」という義務感で動いているわけではない幸せ上手さんですが、「頑張ろう♪」というポジティブな気持ちを大事にしています。なので、たとえば試験で良い点数が取れたり、仕事の大きな山場を乗り越えたり、今週予定していたタスクが順調に進んだ時は、思いっきり自分を甘やかします。

ちょっと贅沢なケーキを食べたり、ずっと気になっていたドラマを一気見するために夜更かししたり。

★テレビをつけっぱなしにしない

テレビが発する情報量のパワーは侮れなくて、良いも悪いもそこから発せられたエネルギーは潜在意識に刷り込まれてしまいます。なので、夜はテレビを長時間見ることはほとんどありません。「見たい番組だけ」などと決めて、それが終わったらあっさりスイッチオフ。

熱すぎない適度なお風呂に浸かったり、自分自身のケアをしたり、本や雑誌を読んでリラックス。子供との時間をたっぷり楽しむという人もいます。

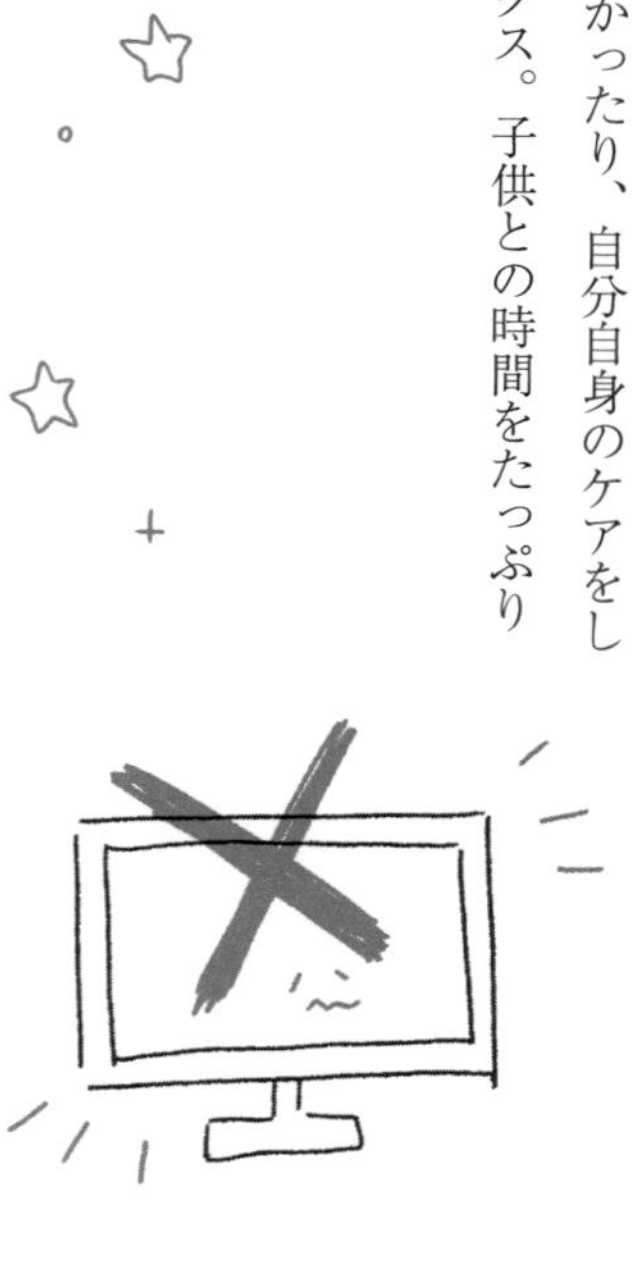

★寝る前はオフラインでゆったり過ごす

「疲れすぎて眠れない」という経験はきっと誰しもあると思います。脳が興奮状態で、アドレナリンが大量に分泌されているからといわれています。

同様に寝る間際までパソコンの前で仕事をしたり、メールをしたり、布団に入ってからもスマホでＳＮＳをチェックしたり、記事を読んでいたり…そうしていると神経が刺激されてさらに寝付きが悪くなります。

幸せ上手さんは、就寝前は2時間ほどオフラインにするのが習慣。ベランダから夜空を見上げたり、好きなハーブティーを堪能したり、瞑想したり。心がスッキリ落ち着いて、熟睡できることを知っているからです。

★就寝時は布団に入って10分間、楽しいことを考える

そんなことが習慣にできるの？——と思った人は、きっと、眠りにつくギリギリまでお仕事をしていたり、何かに追われていたり、なりふりかまわず一生懸命生きていらっしゃる人だと思います。


誰でもすぐにできるのが、布団に入ってから10分間の習慣。

「朝食は何を食べようかな」

「何を着て出かけようかな」

「会社帰りにおいしいスイーツでも買って帰ろうかな」

そうした明日へのワクワクをたくさん考えて眠りにつきましょう。

今日あった嫌なこと、明日への不安・心配は一度封印してください。

朝になればすべてはリセットできると願って。

★過去にとらわれない

幸せ上手さんのそういった習慣は、未来がいまの積み重ねということを知っているから。今日過ぎてきた道を振り返るのはいいとしても決してとらわれない。むしろ大事なのは明日。未来を見ているんです。

これは、人生という長く壮大な道の歩き方に通じること。

そういった悲壮感を抱えて私のところに相談に来る人はとても多いです。

「この先どうしたらいいのか…」

「私はもうダメだ」

「何もかもうまくいかない」

あなたにお聞きします。

「あなたの人生はどんな人生でしたか？」

辛いこともあったと思うんです。

道ですから、こけたり、穴に落ちたりすることもあったでしょう。そのこけたり、穴に落ちたことを、誰かのせいにしている時、自分の道からそれて、誰かの道に紛れ込んでいる状態になっています。

そういった状態が続くと、気付いたら、自分の道を、人生を歩けなくなってしまう。


そんな時、疲れてひと休みしたこともあったでしょう。

それでいいんです。再び歩くためのひと休みで、立ち止まれたから、道端に咲いているお花に気付くことができたかもしれません。


仮にいま、ひと休みしたいと思っていてもいいんです。

まだ見ぬ花を探したい、というワクワクや冒険心がある人は自分の軸、人生という道をまた歩くことができます。

もしあなたがいま、道に迷っていても、自分を責めてはいけません。道に迷ったからこそ知れる道もある。

大事にしてほしいのは、過去にとらわれないこと。

未来はいまの積み重ねですから、いま休んでもいいから、迷ってもいいから、未来のことを考えてときめく——この習慣で運命は大きく変えられます。

幸せ下手さんのためのときめきレッスン 1

★まずは身の回りで「好きな人」「憧れの人」を見つける

それでも自分を好きになることがどういうことかわからなかった人もいるかもしれません。そんな時は、まず、好きな人、憧れの人を見つけてください。友人、同僚、先輩、上司、あるいは有名人でもいいです。その人のどこが好きなのか、憧れるのか、どこにときめいたのかを考えてみて。その上で、一日3回ときめくことから始めてみましょう。

★自分に向かってポジティブな言葉を繰り返し3回唱える

「私は健康で幸せだ」「私は毎日おいしいものが食べられている」「私はキレイ」…どんなことでもかまいません。言葉には力が宿ります。「不幸だ」と思うと、そう脳に刷り込まれ幸運は遠ざかってしまいます。ネガティブな思い込みは真に受けやすく、自分自身を傷つけやすいもの。それなら、ポジティブな思い込みによって、傷を癒すことだってできるはず。

★「ない」ことはスルー、「ある」ものを口に出す

できないこと、自分が持ってないモノには執着するのに、意外に、できること、自分が持っているモノについては、当たり前になりすぎて考えなかったりするものです。たとえば「話を聞いてくれる人がいる」「あたたかい布団に寝られる」など、もう一度あなたの中の「ある」を数えてみましょう。思った以上にたくさんあって幸せを実感できたりするものです。

第2章

幸せ上手さんは「おうち」上手

「家」は人生でいちばん大切な場所。風雨や
暑さ、寒さをしのぐためだけの場所ではありません。
どんなつらいことがあっても、あなたを守り、癒し、
明日への力を充電してくれます。
環境が良くなると、運を良い方向に
変えていけるということを、
幸せ上手さんは習慣として知っています。
なので「幸せ上手さん」のおうちは、
強力なパワースポットになっています。居心地が良くて、
「好き」があふれている、
そんな幸せ上手さんのおうちをのぞいてみましょう。

★玄関までのアプローチが美しく手入れされている

よくきたね。いらっしゃい。ゆっくりしていって——

幸せ上手さんのおうちは「幸せ」を呼び込み、もてなす構造。簡単にいうと、お客様をお招きするための「ハレ」(非日常的な、特別な日)の状態。玄関までのアプローチが、きちんと掃除、手入れされています。門扉のペンキが剥がれていたり、電灯に蜘蛛の巣が張っていたり、植木鉢のグリーンを枯らしたままにしたり…なんてことはありません。

毎日自分が通る場所だからこそキレイにして、季節ごとのお花を植えたり、リースを飾ったりしています。

決して頑張ってるわけじゃありません。聞くと、そのほうが、自分が気持ちいいそうです。

玄関は気の入口となるところ。キレイに整えられている玄関は、良い気を招き入れ、財運を高めることができます。

★靴は出しっぱなしにしない

その気持ちのいい玄関には、脱ぎっぱなしの靴はありません。

外の邪気がついた靴のまま帰宅しているので、そういった靴を放置すると、玄関に邪気が居座ることに。外から帰ったら、乾いた布で靴の表面を拭き、汚れを落として、素早く収納。収納が少ない場合でも、靴を玄関に並べず、出しておく靴は1人1足まで。それ以上になると金運を下げてしまいます。

★お気に入りの玄関マットがある

土埃や泥をそこで落とすことで、外の悪い運気が持ち込まれるのを防ぐ効果がある玄関マット。いつも清潔に保ち、太陽の光に当て、自然のエネルギーを取り入れています。

★ゲスト用のスリッパを夏用と冬用で準備している

自分や家族が日常使っている室内履きとは別に、ゲストのためのスリッパをラックやかごに入れてセット。夏には薄手の涼しげな素材、冬にはふわふわの温かい素材のものを用意しています。スリッパは人脈運を上げてくれるアイテムですが、そういったおもてなしの心が、幸せを運んできます。

★インテリアを定期的にチェンジ

壁紙を貼り替えたり、テーブルやソファをいままでとは違う場所に移動したり…幸せ上手さんは、"変える"ことで新しいときめきと出合えるので、模様替えが得意。カーテンを洗ったり、季節に合わせて変えるといったプチチェンジは思い立ったらやっていますが、インテリアを変えることで、気分転換だけでなく、心地良い運気も誘い込みます。

★「本物」を普段使い

奮発して買い揃えた美しい高級食器などは、つい来客用にとっておこうと考えがちですが、それは、来客時がハレ（非日常）で、普段がケ（日常）という考えに基づいたもの。幸せ上手さんは、そうした本物を普段使いしています。毎日の食事こそハレだと思っているのです。

★季節の花や観葉植物が置かれている

季節折々の花を飾ったり、スペースに余裕があるお宅だと鉢植えの観葉植物を飾ったりして、自然のパワーを上手に取り入れています。

植物には邪気を吸い、良い気を集めるパワーがあります。花が早く枯れてしまう時は、おうちの気が停滞している時。妙に長持ちするのは、おうちに良い気が満ちているというサインでもあります。

特にテレビの周りは静電気でほこりがたまりやすく、悪い気が発生しやすい場所。電磁波を出すだけでなく、悪いニュースも流れてくるテレビの横に観葉植物を置くと、悪い気を浄化し、運気の低下を防いでくれます。

パキラ……………物事を円滑にし、邪気を祓う。仕事運ＵＰ

ベンジャミン……幸運を呼んだり、幸運に導かれるパワーがある。社交運ＵＰ

モンステラ………大きな葉っぱに魔除けの効果あり。家庭運ＵＰ

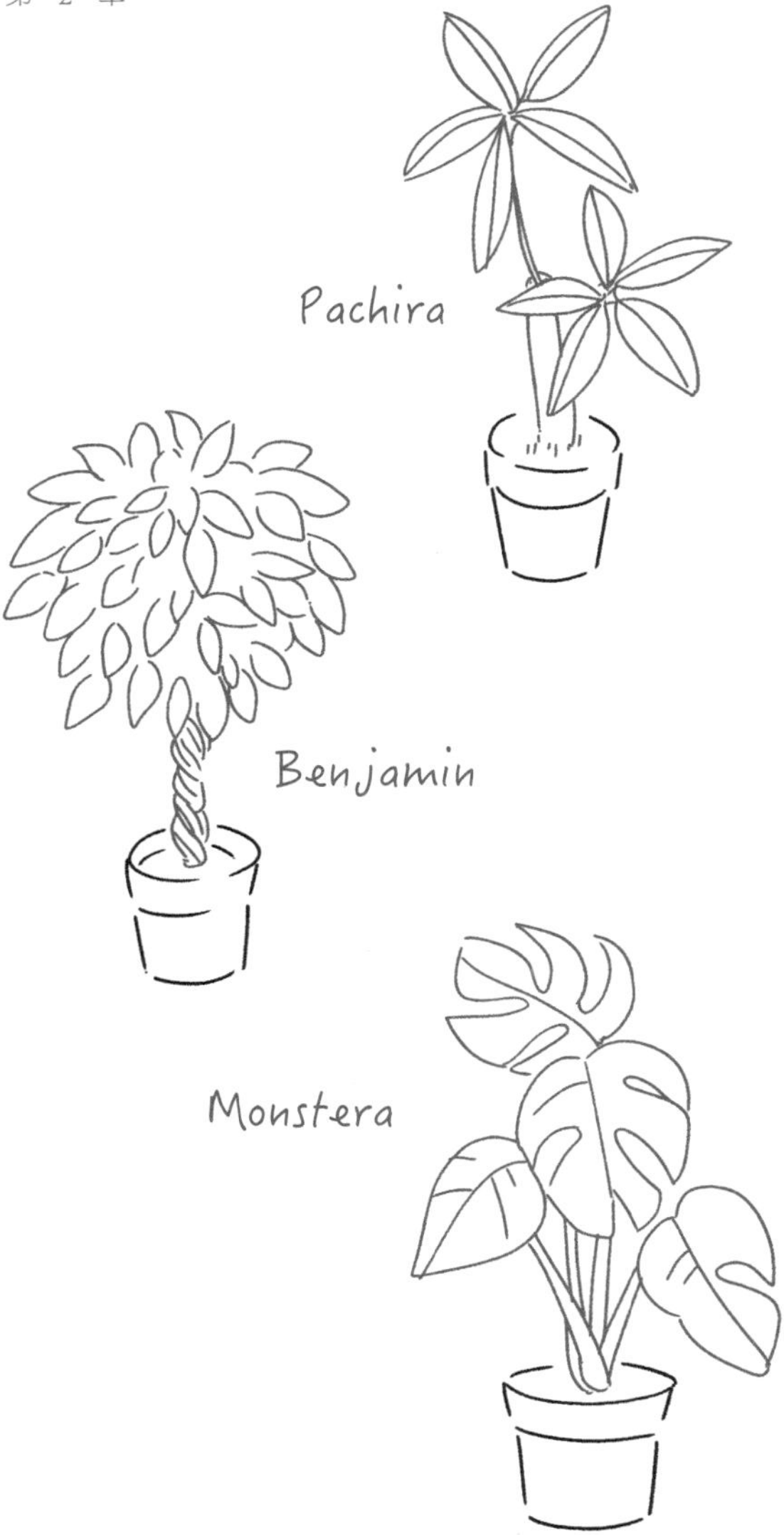

★部屋は「好き」に囲まれている

あなたのおうちのリビングは、朝出かける前、どんな状態でしたか？
整理されたキレイな状態なのか、それとも散らかっているのか――それが幸せ上手さん度とリンクします。

幸せ上手さんが、日常生活のなかで五感を磨いていることは1章でお伝えしましたが、ここでは五感のうちの視覚についてお話ししましょう。

あなたがどういう現実を引き寄せ、どんな人になっていくのかを左右するのが視覚。なぜなら、視覚は、現実を作り出す潜在意識に大きく作用するからです。

では改めて聞きます。あなたはどんなものに囲まれていますか？
好きなもの、美しいものに囲まれていたら、ときめきがいっぱいで「私はハッピー♪」と潜在意識に刷り込まれますし、逆に嫌いなもの、雑多なものばかりだったら、「なんかイヤな感じ」という思いが潜在意識に刷り込まれていきます。

幸せ上手さんのおうちは、視界に入ってくるものが「好き」でいっぱい。ソファやラグ、本棚や鍋敷きに至るまで、自分がときめくものであふれています。引っ越ししたままの開かずの段ボールだったり、季節外れの家電など、いつまでも使わないもの、ときめかないものを放置したりはしないのです。帰宅した時に、キレイな空間に気持ち良く、「ただいま」と言いたい――そんな気持ちが大切だから。

★盛り塩で「邪」を寄せ付けない

厄除けや魔除け、邪気祓いのアイテムもナチュラルに取り入れています。

日常に溶け込むように、おしゃれな豆皿の上に盛り塩をしたり、ミニサイズのシーサーを対で置いたり、水晶やアメジストなどのパワーストーンをオブジェのように置いたり。「音」で邪気を祓うといわれる風鈴などを窓辺に飾る人もいます。

「かわいくって効果があったらいいよね！」

そんなときめきと一緒に。

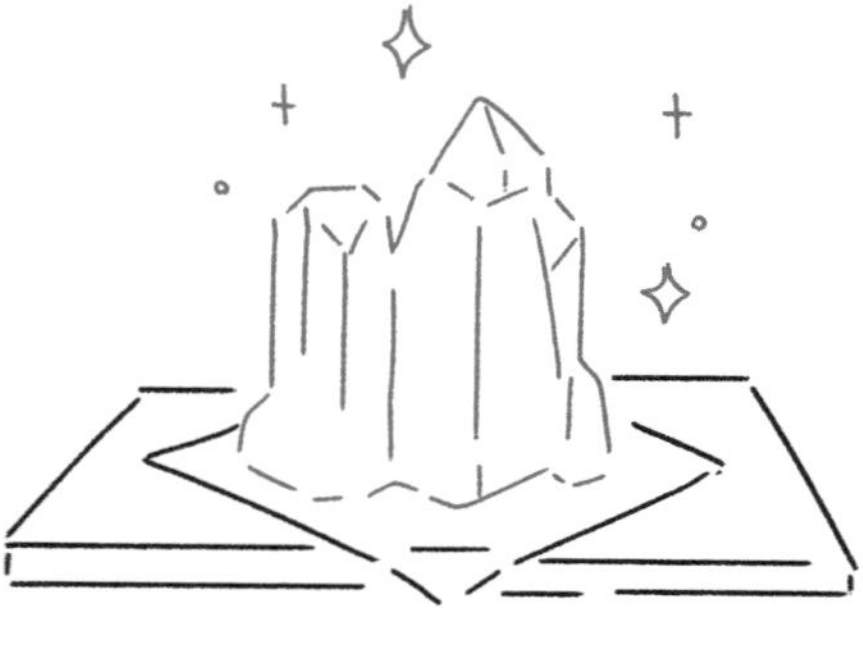

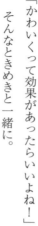

★清潔で明るい印象のトイレを作る

トイレは明るく、風通しの良い状態で、芳香剤のムワッとくる匂いもありません。掃除は行き届いていて、便器もトイレットペーパーホルダーもピカピカ。幸せ上手さんの家のトイレはとても居心地が良いのが特徴です。

間取りによっては、窓がないとか日当たりが良くない場合もありますが、そんな場合は照明を明るくしたり、花を飾ったり、ラグやカバーを爽やかな明るい色にして、清潔感を感じさせる工夫がなされています。

★トイレに本・雑誌を置くことも

読んだコトが流れていくからトイレやお風呂に本を置かない、読まないほうが良いという考えもありますが、幸せ上手さんには、そのセオリーは当てはまらないようです。

そこは、最高のリラックス空間だから。1話完結のオムニバス系物語や、エッセイ、詩集、あるいは雑誌…その日、その時、自分の心が求めているものをチョイスして読んでいます。

★アロマキャンドルで入浴タイムを格上げ

ちょっと疲れたな、と思ったら自分で自分を癒す術を知っているのも、幸せ上手さんらしい暮らし方。いつものバスタイムも、間接照明やアロマキャンドル、プラネタリウムライトなどを使って、リゾートスパのような非日常のヒーリングタイムを演出できてしまいます。

お風呂から上がったら「明日からまた頑張ろう！」――そうした前向きな気持ちになれるような空間を作ってみることで、さらなる幸運を引き寄せていきます。

★肌に触れるモノは自然素材

寝る時も好きなものに包まれていたい――
布団はこまめに干しているのでとってもふかふか。シーツやカバー、タオル類も肌触りの良い自然素材のものを選んでいます。

触ってみて心地よいと感じるのは、言い換えれば細胞の声でもあるのです。自分の細胞の声を信じることで、直感力が研ぎ澄まされていきます。

少しだけ、五感のひとつ、触覚のお話を。
触覚はこうした肌に触れたものから情報を読み取りますが、それ以上のものも読み取れます。それが「気配」です。例えばふかふかの布団、手入れの行き届いたシーツやカバー、肌触りのいいタオルなどからは、優しさ、思いやり、あたた

かさ…などの気配を感じるはずです。

触覚を磨くと、場所のエネルギーや相手のムードなど、そういった目に見えない気配を受け取ることができるようになります。自分にとって良いことなのか、悪いことなのか、といった判断力も冴え渡るように。結果、タイミングを逃したり、最善ではない道を選んで、望まない人生を歩む、といった悪循環は遠のいていきます。

★枕に好きな香りをスプレーする

毎朝スッキリ起きられるのは、良質な睡眠を得ているからにほかなりません。ラベンダーなどリラックスできる好きな香りを枕カバーにスプレーし、自分流の安眠ルーティンがある人も。

しっかり休息をとって、明日という一日を全力で駆け抜ける——

幸せ上手さんは、おうちという強力なパワースポットがあるから、目の前の「いま」に集中できます。

第 2 章

幸せ下手さんのためのときめきレッスン 2

★まずはどこか1か所だけ「好き」を集めたコーナーを作る

いきなりおうち全体を変えるのが大変だと思ったら、どこか1か所だけ、自分の「好き」を集めた場所を作ることから始めるのもおすすめです。リビングのサイドテーブルに花瓶を置く、寝室の一角に好きな写真を飾る…小さな範囲から始めて徐々に広げていけば大丈夫。

★見て見ぬふりコーナーを作らない

例えばドレッサーの前、キッチンの引き出し、タンスの奥…見て見ぬふりをして整理されていない場所は、あなたの心に少なからず影を落とします。まずはそういったところをひとつずつ減らしてみて。

★いまのおうちを選んだ日のことを思い出してみる

おうち上手の第一歩は、おうちを好きになること。それが難しい人は、引っ越してきた日のことを思い出してみて。いろんな物件のなかから、そこを選んだ時、きっとときめいていたはず。どんなインテリアにしよう、そこでどんなおうち時間を過ごそう、などとワクワクが止まらなかったでしょう。そんな気持ちを思い出せれば、必ずおうち上手になれます。

第3章

幸せ上手さんは「キレイ」上手

幸せ上手さんのおうちはいかがでしたか？
「好き」と「ときめき」であふれているだけでなく、
居心地が良くて、どこを見てもキレイで、
良い匂いがする――
そんなおうちだったのではないでしょうか。
それは幸せ上手さんの習慣に
「浄化」というキーワードがあるから。

浄化

★ 帰宅後は、手洗い・うがい・洗顔

帰宅後は洗面所へ直行、メイクを丁寧に落とします。手洗い・うがい、そして洗顔をセットでしています。おうちは運のベースになる場所。「好き」であふれている居心地の良い空間に、外からの悪い気を持ち込みたくないとの思いが無意識にあるのです。

★ 自分もおうちも徹底クレンズ

運気を停滞させるもの——そのひとつに"五大不浄"があります。
汚れ、悪臭、ほこり、カビ、湿気の五大不浄は澱《よど》みや腐敗を生みます。幸せ上

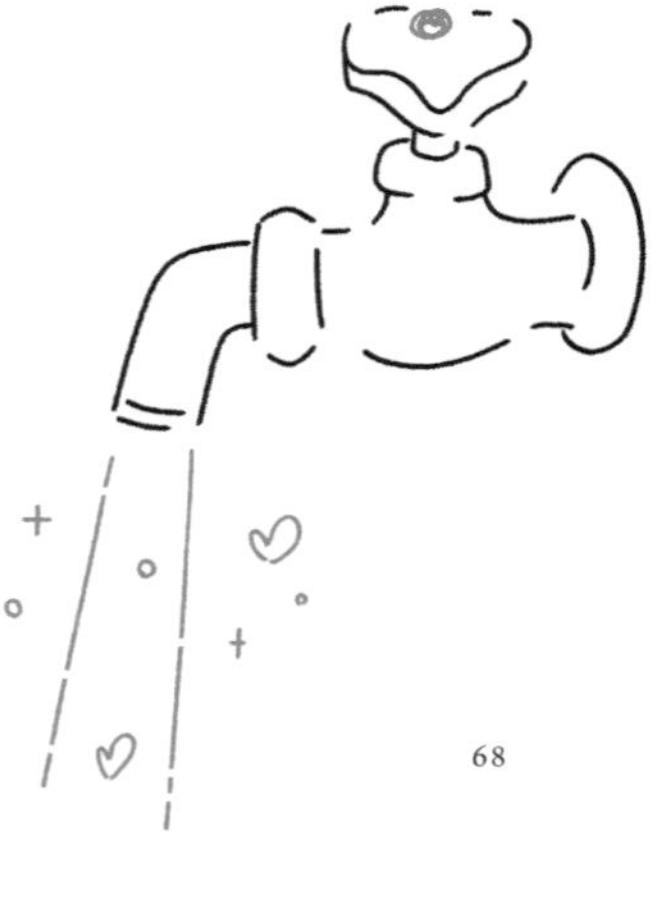

手さんは床や部屋の四隅、たんすや照明器具など天井に近い場所は、乾拭きと水拭きをセットにこまめに掃除をします。

★玄関に除菌シートを常備

気の入口となる玄関に除菌シートを置いているのも幸せ上手さんの習慣。外からの不浄を持ち込まないよう、玄関でバッグやスマホなどをさっと拭いています。

★スポンジと布巾はいつもキレイ

スポンジや布巾などの消耗品は除菌して使いますが、スポンジの泡立ちが悪くなったり、布巾の汚れが落ちなくなったら、躊躇なく、排水溝や換気扇、お風呂場の「掃

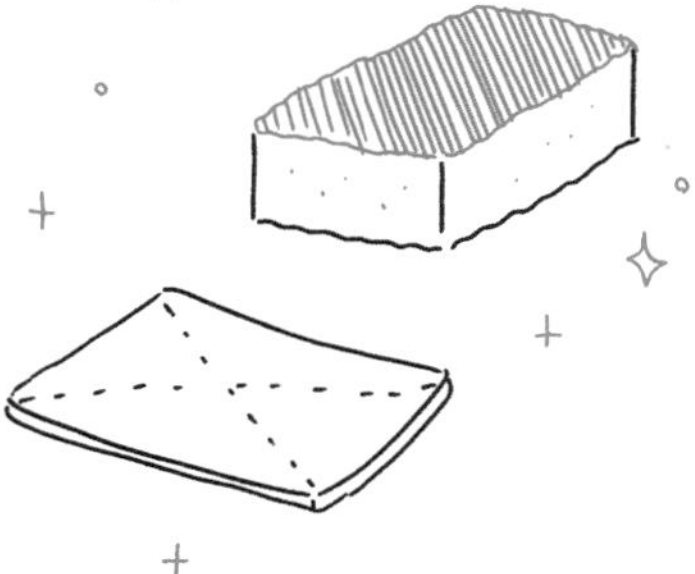

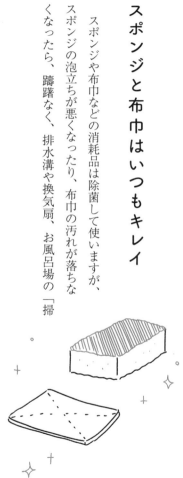

除用」に格下げ。食器や調理器具を洗うものは、定期的に交換し清潔なものを使います。

★臭いに匂いはかぶせない

最近は、いい匂いで、臭いを消す便利なアイテムがたくさんありますが、悪臭、カビ、湿気など、臭いを伴うものは、本来0にしなければいけないもの。放っておけばトイレは臭くなり、お風呂場はカビが増殖し、キッチンでは食べ残しが腐敗していきます。

匂いをかぶせてごまかすのは簡単ですが、まずは臭いの元を絶って、0にすることが重要です。

五感のなかでも嗅覚は、最も本能的な器官といわれています。

唯一嗅覚だけが、理性を介入させないからです。嗅覚を磨くと、幸運やソウルメイトをかぎ分けられるようになります。特に匂いを感じ取っていない時でも、細胞がかぎ分けてくれるようになります。

なので、人工的で強烈なにおいは嗅覚を鈍らせます。空気、緑、花、食材、おひさま、月…私たちの生活は、たくさんの自然に囲まれ、もともと良質な匂いであふれています。そういった匂いを感じると嗅覚は鍛えられていきます。

★「炭」と「セージ」を常備

冷蔵庫にクローゼット、玄関の靴箱、そしてトイレにはおしゃれな紙で巻いたもの…。

幸せ上手さんのおうちには、いたるところに「炭」が置かれています。そして炭だけではなく、抗菌・抗ウイルス効果や浄化の力があるといわれているセージの葉のアロマやスプレーがあったりもします。

「炭」も「セージ」も澱みを浄化してくれて、臭いを0に近づけてくれるもの。

幸せ上手さんは「浄化」上手だなと思います。おうちの中だけではなく過去の辛い出来事、失恋や悲しみも、ゆっくりゆっくりとちゃんと浄化し、また新しくスタートしていっています。

掃除・片付け

★風通しのいい部屋

新居選びは最も多い相談のひとつですが、「幸せ上手さん」ほど、吉方位や間取りなどと同じくらい、「風通し」を重要視しています。

お花は水をあげ続けないと枯れますし、人も血の巡りが滞ると病気になります。

それと同じで空気も循環しないと運気が悪くなり、幸運は遠ざかっていくのです。

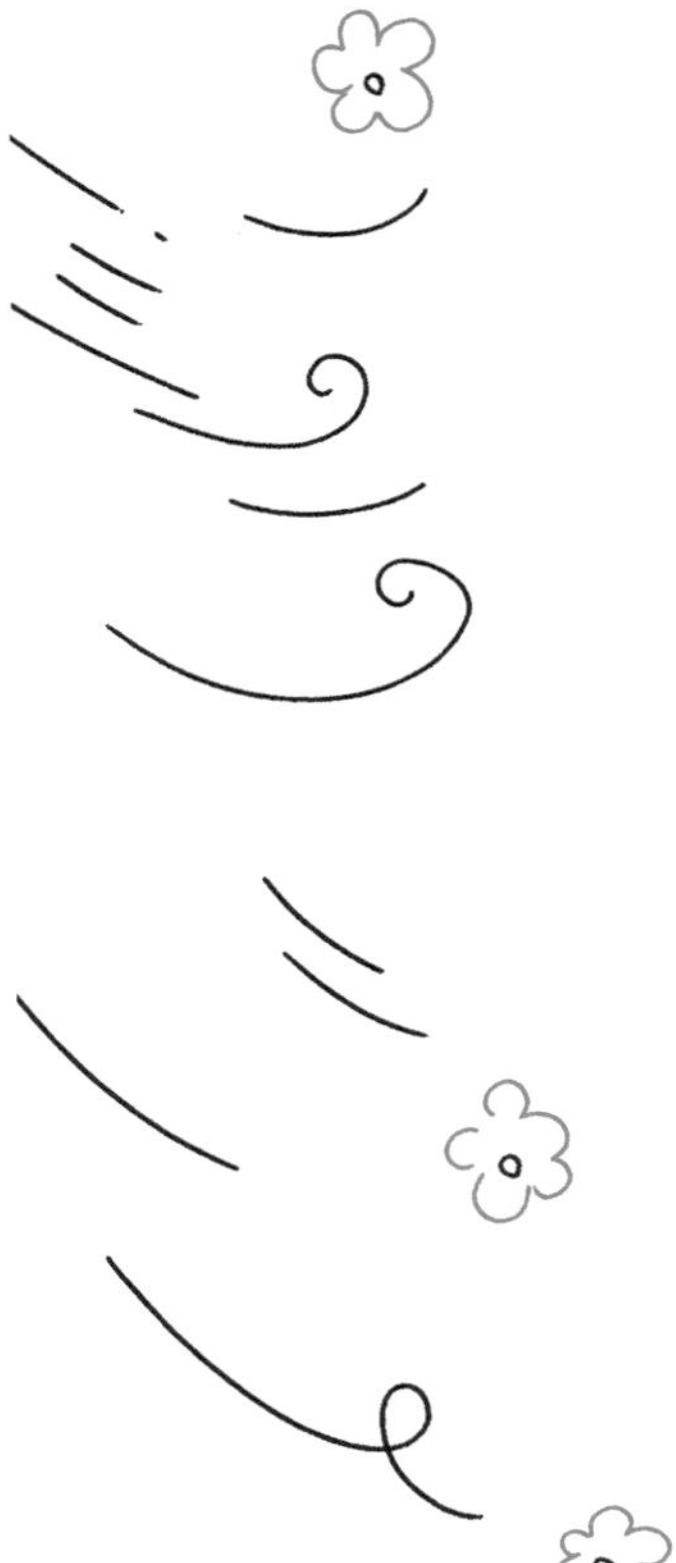

★調子の悪い時は大掃除

「最近ツイてないな」
「運が悪い気がする」

そう思ったら、部屋中の窓を開けて空気を入れ換え、大掃除をするのも幸せ上手さんの習慣。神様は清浄を好み、不浄を嫌いますが、「お祓いし清めること」は神社でするだけのものではありません。掃除により「ほこり」という不浄を祓っているので、おうちの中でも祓い清めることはできます。掃除をすると、スッキリ、ポジティブな気持ちになるだけでなく、心のありようも変わります。小さな変化でも、この日々の積み重ねにより、運気の流れが良くなり、とどまっていた悪い気が流れていくようになるのです。

★床にバッグを置かない

バッグの置き場所について考えたことはありますか？
フックにかけて収納している人は、幸せ上手さんです。バッグは自分の分身と考えられ、持ち主の基盤になるもののひとつ。それを直接床に置いてしまうと、床についた悪い気を吸収してしまいます。外ではもちろん、家の中でも床に置くのではなく、台の上やフックにかけることで、雑な扱いではなくなり、自分や周りの人も大切にすることができるように。

そもそも床に置いてしまうと掃除もしづらいので、幸せ上手さんはバッグに限らず、直接モノを床に置きません。

★クローゼットは8割使い

風通しが良いのはクローゼットも同じ。厚手のもの、ダークカラーのものは向かって左側、薄手のもの、ライトカラーのものは向かって右側に。ハンガーは同じもので統一感を出します。どこに何があるか一目瞭然にしているのは、今日着たいものをすぐに取り出すため。「アレがない」「コレがない」という時間の無駄を防いでいます。

探す手間が省け、時間を有意義に使えるので、ぎゅうぎゅうにつめることはなく、だいたい8割くらいを目安にしています。

★クリーニングの袋は外す

そのクローゼットに、クリーニングから帰ってきたままの洋服はありません。ビニール袋から出して、決められた場所へ。

キレイな状態のままで収納したいとそのままにしている人もいるでしょうが、ビニール袋は火の性質があり、服の運気を燃やすと考えられています。衣替えの時、クリーニングのビニール袋から出したら、カビが生えていた！　という経験もあるでしょう。知らず知らずのうちに袋の中に邪気がたまってしまうので、ビニール袋は必ず外して収納します。

★不要なものをため込まない

日頃から「捨て」上手。

一度も着ていない服がクローゼットにあったりはしません。もう絶対開かないだろうなという本がリビングに転がっていることもありません。

「なんで買ってしまったんだろう」
「もったいないことしたな」
「なんか片付かないなぁ」

好きがつまったおうちに不要なものがあると、そういったネガティブな波動を引き寄せることを知っているからです。

★スマホやパソコンのデータも定期的に片付け

不要なもの――それはデジタル機器でも同様です。

写真やデータも整理整頓。思い出リスト、お仕事リスト、などとキレイに整理され、もう必要ないなと感じるものはどんどん削除しているので、「かわいい！」「すてき！」とときめいたモノに出合った時、容量オーバーでカメラが起動しないというピンチとは無縁です。

★1週間のお掃除スケジュールがある

毎日の掃除・片付けが習慣になっている幸せ上手さんですが、「今日はここを念入りにやろう」と決めていたりもします。例えばこんなふうに――

・日曜日……**整理整頓**（すべての物をそれらの決められた場所＝住所に戻す作業を徹底する）
・月曜日……**玄関**（運気の出入りとなる場所をしっかり）
・火曜日……**掃除機がけ、拭き掃除**（拭くことで見えない邪気を祓い清める）
・水曜日……**キッチン**（良い運気を呼び込むのに必要不可欠。いつも以上にピカピカに）
・木曜日……**寝室**（良い週末を迎えられるようリネン類の交換、掃除機がけ、拭き掃除を徹底）
・金曜日……**お風呂**（毎日掃除をしつつこの日は徹底。ピカピカのお風呂で疲れを癒す）
・土曜日……**大掃除**（捨てる作業は土曜にすると吉）

念入りにといっても、時間が限られている平日、やりたいことが多い週末。毎日の積み重ねを少しずつ、例えば15分、30分…と時間を区切ってお掃除をしている人もいます。

第 3 章

★水回りだけでもキレイにしてみる

びしょびしょは不浄の元。人間が水浸しのままでいると風邪をひいてしまいますが、モノも同じ。ひとつひとつ、大切な宝物。お皿もコップも自分の子供のように、風邪をひかないよう、愛情いっぱいで拭いてあげましょう。

★いらないものはすぐゴミ箱へ

「捨てる」という行為は、浄化につながります。不要なモノはなるべく早く捨てることが肝心。生ゴミを放置していると臭くなるのと同様に、いらないものがたまってくると、その場所が不浄となっていきます。「あとで捨てよう」より「いま捨てよう」と行動することが開運に。家の中を見渡してゴミを見つけたらさっそく浄化してみましょう。

★すべてのモノに「寝る場所」を作ってあげる

「片付け」といわれるとどうしていいかわからない人は、「元に戻す」と考えてみて。私たちがベッドや布団で寝るように、モノにも寝る場所を作ってあげましょう。

片付かない理由は、モノを戻す場所（＝住所）がないから。モノの数だけ寝る場所を作ってみてください。

第4章

幸せ上手さんは「食」上手

体は運気を受け止める器。
より良いエネルギーを取り入れ、
体内から毒素を出していくことで
幸運体質は作られていきます。
直感を磨くために視覚や触覚を磨くことは
前述の通りですが、
ここ4章では五感のなかでも
「味覚」をテーマにお話しします。

いただきます

★朝食は抜かない

朝の忙しい時間でも、朝食をいただくことでエネルギーが高まります。私たちが何気なく食べている食べ物。そのすべてが「実り」であり「恵み」であり、私たちは「命」をいただき、「幸せ」をいただいて生きています。お肉もお魚もお野菜も。幸せ上手さんはたとえ簡単な朝食でも、5分でいいのできちんと座って、朝のエネルギーをしっかりいただき、その時間を味わいます。

★「ながら」食いはしない

現代社会を生きる私たちは一日中せわしなく過ごし、ネットの世界も生きています。

スマホをつねにチェックし、ニュースを読み、友人知人にメールをしたり。特に働いている人は、昼食をパソコンの前で、仕事をしながら済ませる、という人も多いのではないでしょうか？　自宅にいても、テレビをつけっぱなしにして、雑誌を読みながら、スマホをいじりながら、ランチを食べるという人もいるでしょう。そういう人は、きっと昼食に何を食べたか思い出せないことも多いはずです。

幸せ上手さんは、そうした「ながら」はしません。1日3食、いただける「いま」に感謝し、集中し、「今日はなにを食べよう」「どこで食べよう」など、ワクワクときめいているので、「ながら」をする時間がないのです。

★食事をするテーブルに余計な物を置かない

食事をするテーブルで、仕事をしたり、雑誌を読んだり、あるいは郵便物を置きっぱなしにしたりすることもあると思います。ただ、そのテーブルは、食事をする時にキレイに片付けるのが幸せ上手さんの習慣。いま、目の前にある食事に感謝して、十分に味わうために、それらを置くテーブルを整えるのです。

★オーガニックな食材や旬のものをいただく

健康であることは、幸せ上手さんの第一条件。健康でないと、判断に迷いが生じたり、何か物事を始める気力がわかなかったりして、全体の運気を下げてしまうからです。

でもこれは「鶏が先か卵が先か」にも似ていて、幸せ上手さんほど、いまの自分が何を摂取すればいいのかがわかるから、健康でいられたりします。

選ぶ食材は、オーガニックのものや旬のものがほとんど。自然の良質なものを摂り入れることでパワーチャージしています。そうして味覚がレベルアップすると、逆に人工添加物がたくさん入ったインスタント食品やファストフードを食べることはほとんどなくなります。食べたとしても、味が強すぎてあまり量を食べられなかったり…。

★味付けや調理法をシンプルに

幸せ上手さんは、食感や風味など、食材の持つパワーを最大限にいただく、シンプルな味付けが好きです。

採れたての野菜は何もかけずにそのままのこともあれば、お味噌を添えるだけだったり、塩こしょう、オリーブオイル、ビネガーというシンプルな自家製ドレッシングをかけるだけだったり。無水鍋や、塩こしょうのソテーなど、素材の味を生かした調理法に、体が喜ぶ感覚があるのです。

★日本の伝統食をいただく

欧米人の胃腸は肉や脂を消化しやすく、日本人の胃腸は食物繊維を消化しやすいことは医学的にも証明されています。私たちの体は、穀類と魚中心の伝統的な和食のほうが合っているわけです。

それを体感としてわかっている幸せ上手さんは、普段はバラエティー豊かな食事を楽しんでいても、少し体調がすぐれないなと感じたら、すぐに和食にスイッチ。消化にいいもので、胃腸に負担をかけません。

★体を温めるモノを積極的に摂る

「腸が冷たくなると表情もこわばる」「冷えは万病のもと」といわれますが、幸せ上手さんは体を温める料理が得意。鍋料理、スープなどを日常的に取り入れているせいか、表情がいつも明るい雰囲気です。

★フルーツが好き

あなたが「運が良いな」「ツイてるな」と思っている人のことを思い浮かべてみてください。よくフルーツを食べていませんか？　そう、私が知っている幸せ上手さんも本当によくフルーツを食べます。

昔から縁起を担ぐことが習慣になっている日本で、フルーツは神様のお供え物にするなど、食べることで御利益《ごりやく》があるとされてきました。実りの象徴でもあり、栄養のバランスが良く、美容にも健康にも良いということを幸せ上手さんは知っています。

★かけた食器は使わない

幸せ上手さんは、かけた食器を使いません。

口の中に入れる食べ物を運ぶお茶碗やお皿、マグカップ…。そのイメージが自らのエネルギーになるから、かけている食器ではなく、素敵な食器でいただきます。そうして毎日の食事から本物のパワーを取り込むことができるのです。

★冷蔵庫内の見晴らしが良い

そうして健康な体になり、波動が高まり、強運を引き寄せられる流れになっていますが、重要な食材の保管場所である冷蔵庫の状態は、幸せ上手さんにはとっても重要。

食材や食品をぐちゃぐちゃにつめ込み、賞味期限切れのもの、あるいは賞味期限こそ切れていないものの、封をしていないものや、鮮度の古いものがあったら、そこには悪い気がたまってしまいます。

なので幸せ上手さんは、こまめに掃除と除菌をして、カビや汚れを排除。同時に冷気がきちんと行き渡るように、8割程度の収納に抑えています。

収納の仕方も、チルド室でも肉と魚を分けたり、野菜室でも葉物野菜と香味野

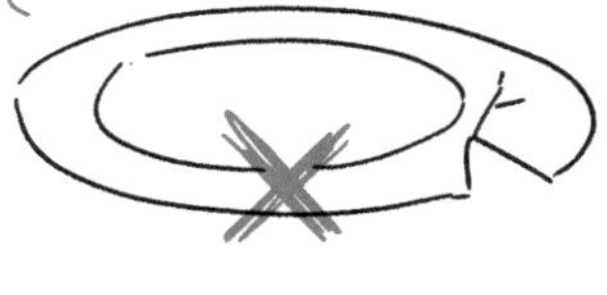

菜などそれぞれの「定位置」が作られたりして、一目で何がどのくらいあるのかがわかるようになっています。

★テイクアウトでも皿に盛り付ける

おうちにいる時、幸せ上手さんはいつも手料理を作っているわけではなく、時にはテイクアウトを利用します。むしろお気に入りのお店のテイクアウト情報に詳しかったり、おいしいモノが所狭しと並んでいる惣菜コーナーは大好き。

ただし買ってきた容器のまま食卓に並べて食べたりはしません。食事は、大地の恵みをいただく尊いものですから。

お気に入りの食器に盛り付けて、食材に感謝しながらゆっくり味わいます。

ランチョンマットもかかせません。食事は、楽しい気分で食べると栄養の吸収率や、消化率がアップするといわれています。おいしく食べ、満たされて、健康になる――そんな幸せのループを作っているのです。

★飲み物はコップに入れて飲む

ペットボトルは持ち運びやすく、こういった時代にとても便利なものですが、自宅ではどうしていますか?

幸せ上手さんは、ペットボトルに直接口をつけて飲み物を飲むことはありません。もともと衛生面で、ペットボトルに直接口をつけて飲むと、残った飲み物に菌が繁殖するといわれていますが、幸せ上手さんはせっかく体に入れるものをいただくのですから、お気に入りの、大切なコップに移していただきたいと考えるそうです。

★悪口やグチが出てきたら箸を置く

食事中に悪口やグチが出てきたら、自然と箸を置く——これは幸せ上手さんが、常に人の話にきちんと耳を傾けるということにも由来していますが、悪口やグチを聞きながらだと、あまりおいしく感じられないからという理由もあります。

実はこれ、悪口やグチを一緒に食べないようにできる、悪運を回避する開運行動。ぜひみなさんも、誰かがグチを言い出したら箸を置くようにしてみましょう。

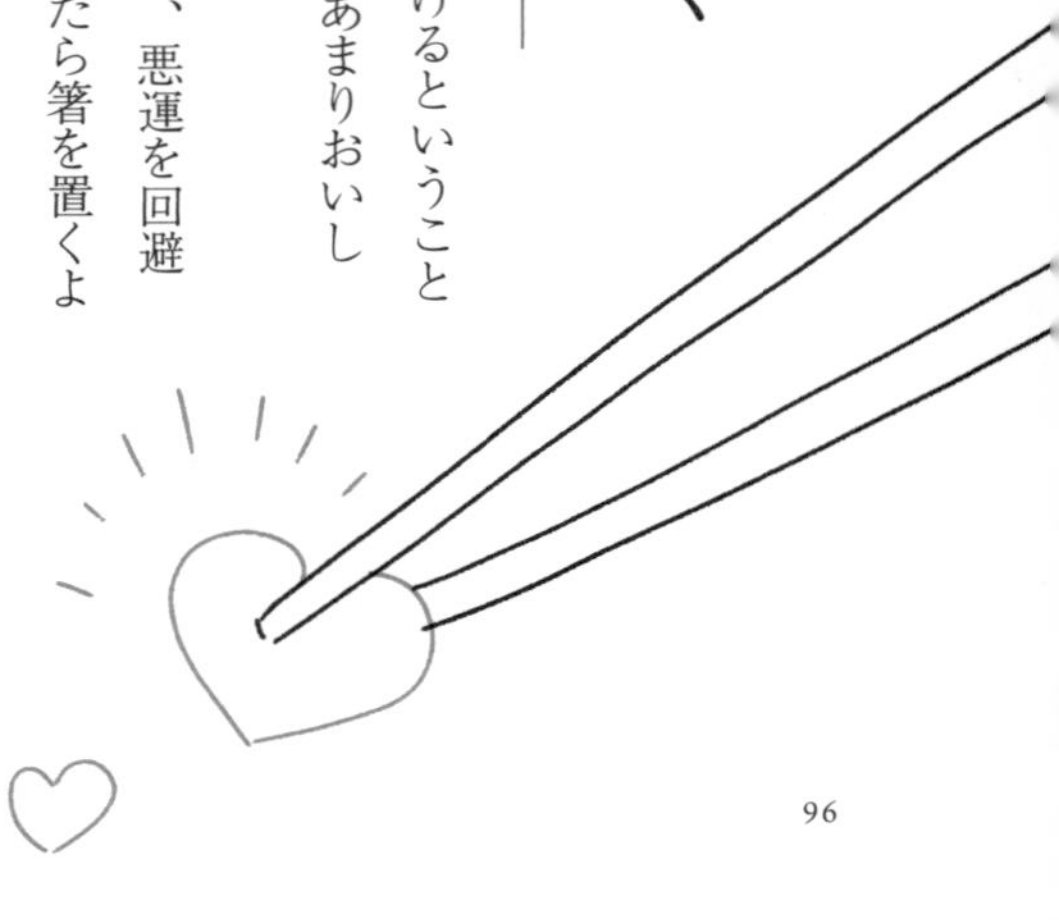

★お腹いっぱいの時は食べない

「もったいない」とか「頑張れば入るから」とか「みんなが食べてるから」などと言って、お腹がいっぱいでも無理して食べる人がいますが、幸せ上手さんたちは満腹になったら迷いなく箸を置くことができます。それは、「もう満ち足りていますよ」という体の声に従っているからにほかなりません。

そんな些細なことが？　と思われるかもしれませんね。でも、こうやって自分の気持ちを聞き逃さず、すくい上げる行為が積み重ねられていくことで、いざという時に自分の意思を尊重できる、ブレない芯を作っていくのです。

★食後のデザートが楽しみ

和菓子、チョコレート、プリン…食後のデザートのことは考えるだけでときめくそうです。ちなみに"金運"はスイーツが好きなんですよ。また小豆は魔除けになるので、おしるこやどら焼きは日常的な厄落としになります。

ごちそうさま

★流しに食器類をためない

幸せ上手さんの家に招かれて手料理をごちそうになると、お料理を作り終えた段階で流しまでキレイに片付いていています。そして、帰る頃には食べ終わったあとの食器も洗い終わってシンクはピカピカ。彼女たちはすぐ洗うのが癖になっているから、なんの苦もないと言います。

実はこれ、すべての作業に通じる「あとでやろう」なのか「すぐやっちゃおう」なのかという思考の差。あとでやろうと一旦腰を下ろしてしまうと、本当はたいしたことがなくてもどんどん面倒に感じてしまうもの。でも、すぐに取りかかれば汚れもすぐ落ちて結果的に時短に。

「善は急げ」

「思い立ったが吉日」

ことわざにもあるように、幸運をつかむキーワードは「すぐやっちゃおう」なのです。

★洗った調理器具や食器類を濡れたままにしない

食を作るキッチンは、その家の住人の金運と健康運に強い影響を与えると考えられていますが、幸せ上手さんのキッチンはそのお手本。

洗った調理器具や食器類をびしょびしょのまま放置せず、乾いた布巾で拭きます。シンクもその周りも同じく、さっと水を拭きとります。3章でもお話ししていますが、びしょびしょのままではモノも風邪をひいてしまいます。空気中のカビや雑菌が繁殖しやすい状態だからです。

★鍋はシンク下に

鍋やフライパンなどは、水の性質があるシンク下に置いてあります。金運や健康運の低下を招くといわれる、目線より上には決して収納しません。

★食品類はシンク下に置かない

また水と火は相性が悪いのですが、火の性質がある食品や調味料、オイルやお米などもシンク下には置いてありません。

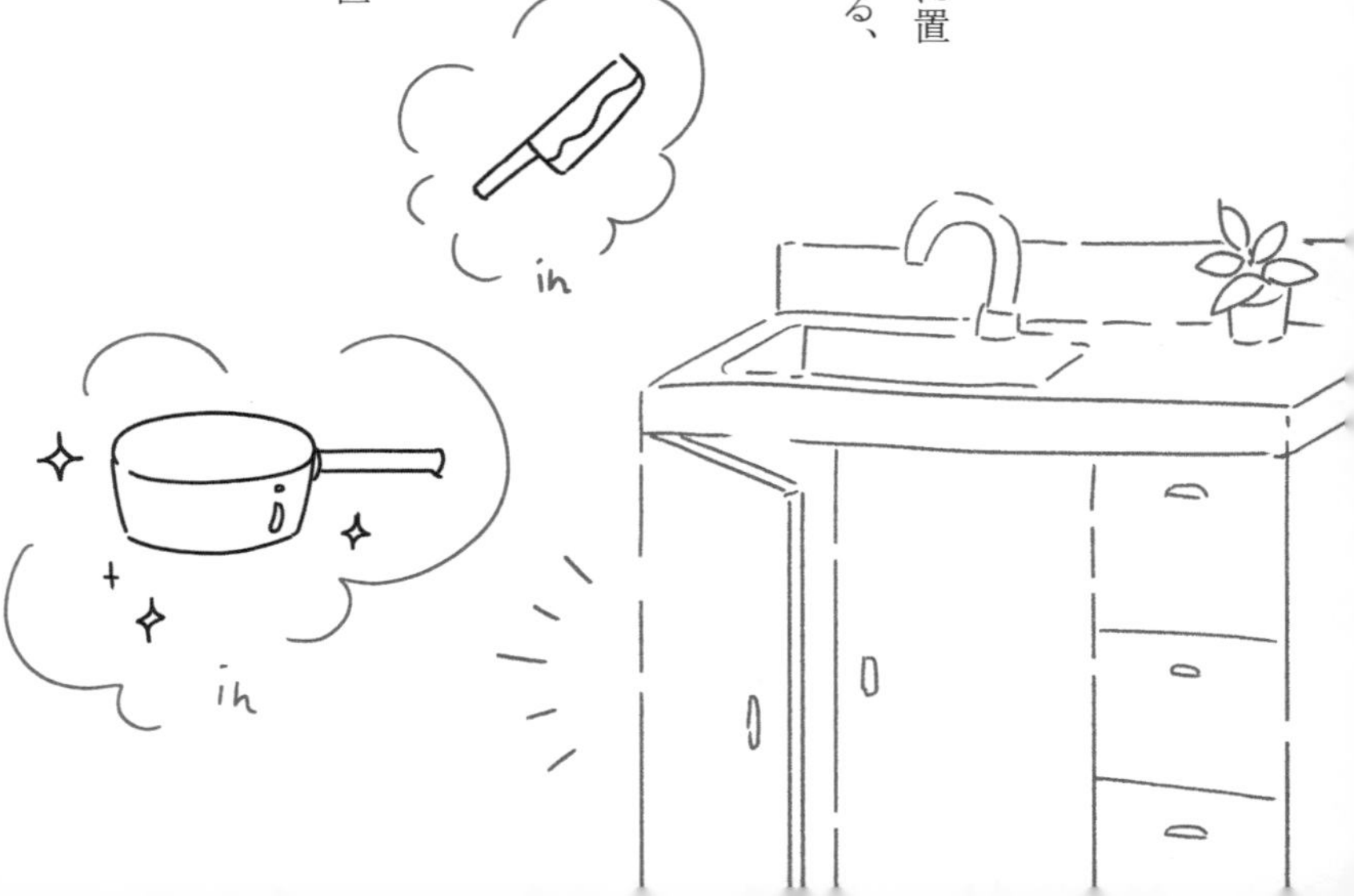

★鍋やフライパンは焦げついたままにしない

焦げは悪い火の気となります。火のエネルギーは金運を燃やすといわれ、金運ダウンの原因になります。

★包丁は見えない場所に

キッチンのシンクやシンク下の戸棚の扉面などに包丁入れがありますが、包丁を使い終えたなら、洗って、拭いて、すぐしまい、人の目に触れない場所に戻します。包丁の持つ刃は、金の気を消耗させると考えられています。

★食器棚はガラス食器と陶器を分けて収納

器は素材を分けて収納します。例えばガラス食器と陶器。

水の気と土の気の相性は良くありません。混ざるとドロドロになるからです。

食器は、料理を盛るアイテムで、運の土台を作るもの。水由来のガラス食器と、土由来の陶器を混ぜると、運の土台がドロドロになって崩れてしまいます。

またガラス食器は目線より高い位置、陶器はその下、と分けて収納します。

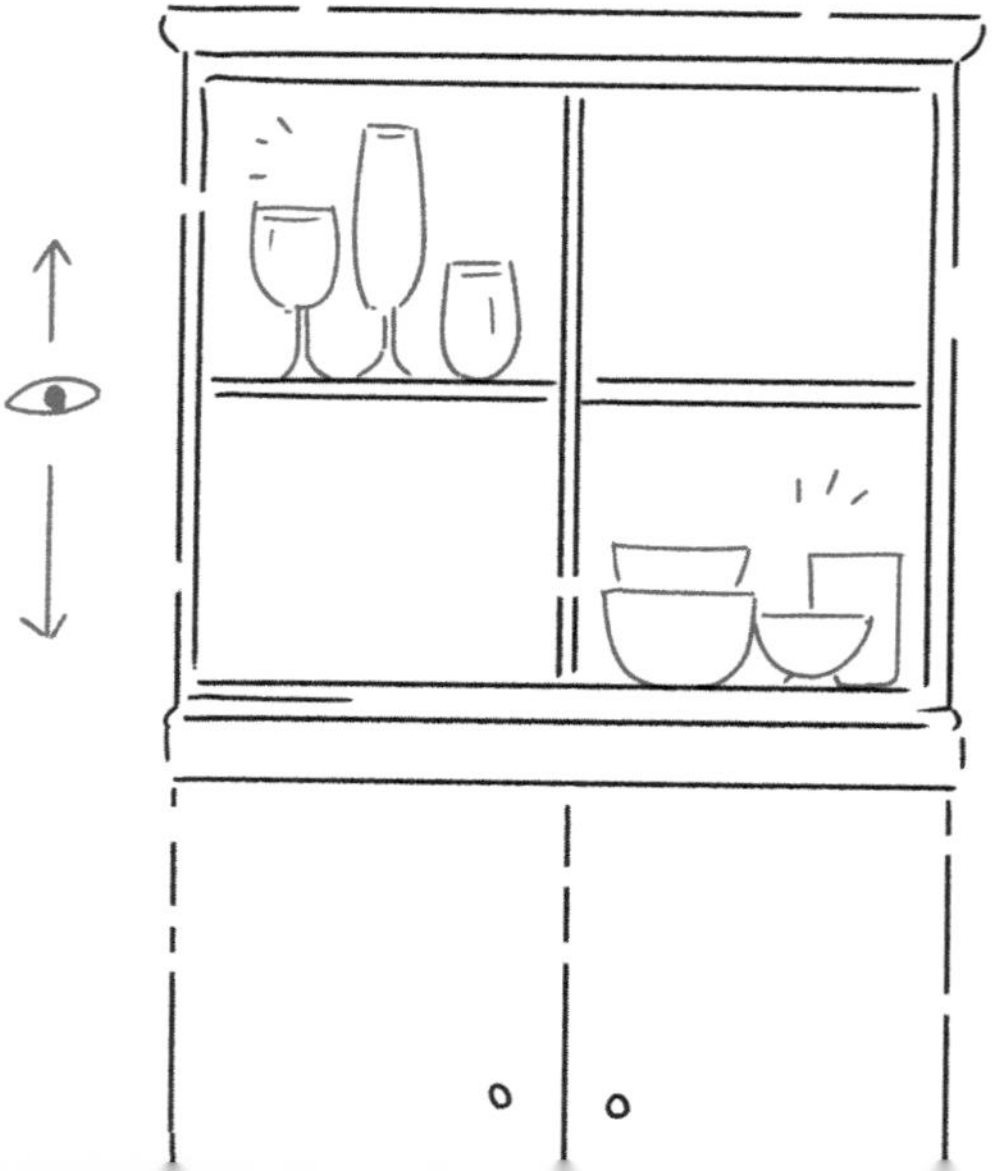

★食器は重いものから軽いものへと重ねる

また下段に重いもの、上段に軽いものを重ねて収納。

重いものを下段、軽いものほど上段に置くと健康運が上がります。逆に重いものを軽いものの上に置くと、圧力や束縛を受けやすくなります。

★食器と食品を同じスペースに入れない

お菓子類など食品を、ついつい食器の戸棚に入れてしまっている人も多いかもしれませんが、幸せ上手さんはそうしません。

食品と食器を一緒に保管するとお金にルーズになるといわれています。

ときめきコラム

開運レシピ

※レシピは2人前

材料

A（ふんわり鶏団子）

・鶏ひき肉　250g
・長ねぎのみじん切り（白い部分と青い部分）　1／2本
・みそ　大さじ1
・しょうゆ　大さじ1
・卵　1個
・片栗粉　大さじ1
・にんにく　チューブで1cm
・しょうが　チューブで2cm
・柚子こしょう　チューブで2〜3cm

健康

塩ちゃんこ鍋

お塩で浄化
鶏肉で
金運もUP
柚子こしょうは
リスタートを
応援してくれる
ラッキーフード！

B（だし）
・**水** 1.5ℓ
・**沖縄塩（なければ塩）** 小さじ1
・**しょうゆ** 大さじ1
・**みりん** 大さじ3
・**白だし** 大さじ4
・**鶏がらスープの素** 大さじ2
・**ごま油** 大さじ1（お好みで）
・**昆布だし（顆粒）** 小さじ1
・**料理酒** 35mℓ
・**にんにく** チューブで2cm
・**しょうが** チューブで3cm
・**鶏肉（もも・手羽元）** お好みの量
・**しいたけ** 1パック

C（お好みの野菜など）
・**白菜** 1/2個
・**にんじん** 1本
・**もやし** 1袋
・**小松菜** 2株
・**長ねぎ** 1と1/2本
（1/2本は鶏団子で余った分）
・**えのき** 1袋
・**豆腐** 1丁
・**三つ葉** 1袋

作り方

❶ボウルにAの材料を入れ、粘りが出るまでよく混ぜる。スプーンを2つ使って一口大の団子状に丸める（小さめスプーンなら30個、大きめスプーンなら20個）。

❷Bの鶏肉としいたけ、Cの材料を食べやすい大きさにカットする。

❸鍋に少量の油（分量外）をひき、Aの鶏団子とBの鶏肉を並べ、表面が白くなるまで炒める。

❹鍋に残りのBをすべて入れて火にかけ、ひと煮立ちさせる（この時点でだしの味見をして薄いようなら鶏がらスープの素や白だしを少しずつ追加）。

❺鍋にCを入れ、白菜が柔らかくなるまで煮込めば、できあがり（みつ葉を後のせして風味を楽しんで♡）。

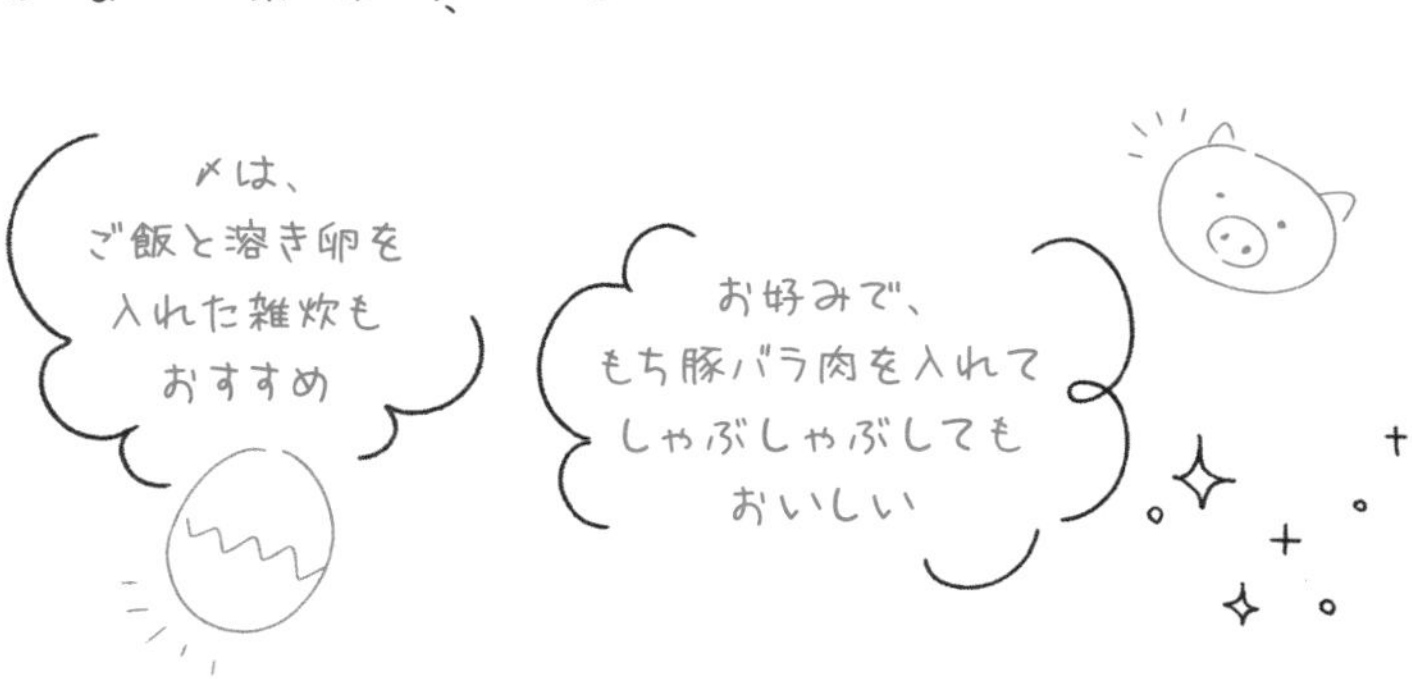
〆は、
ご飯と溶き卵を
入れた雑炊も
おすすめ
お好みで、
もち豚バラ肉を入れて
しゃぶしゃぶしても
おいしい

ホワイト
カルボナーラ

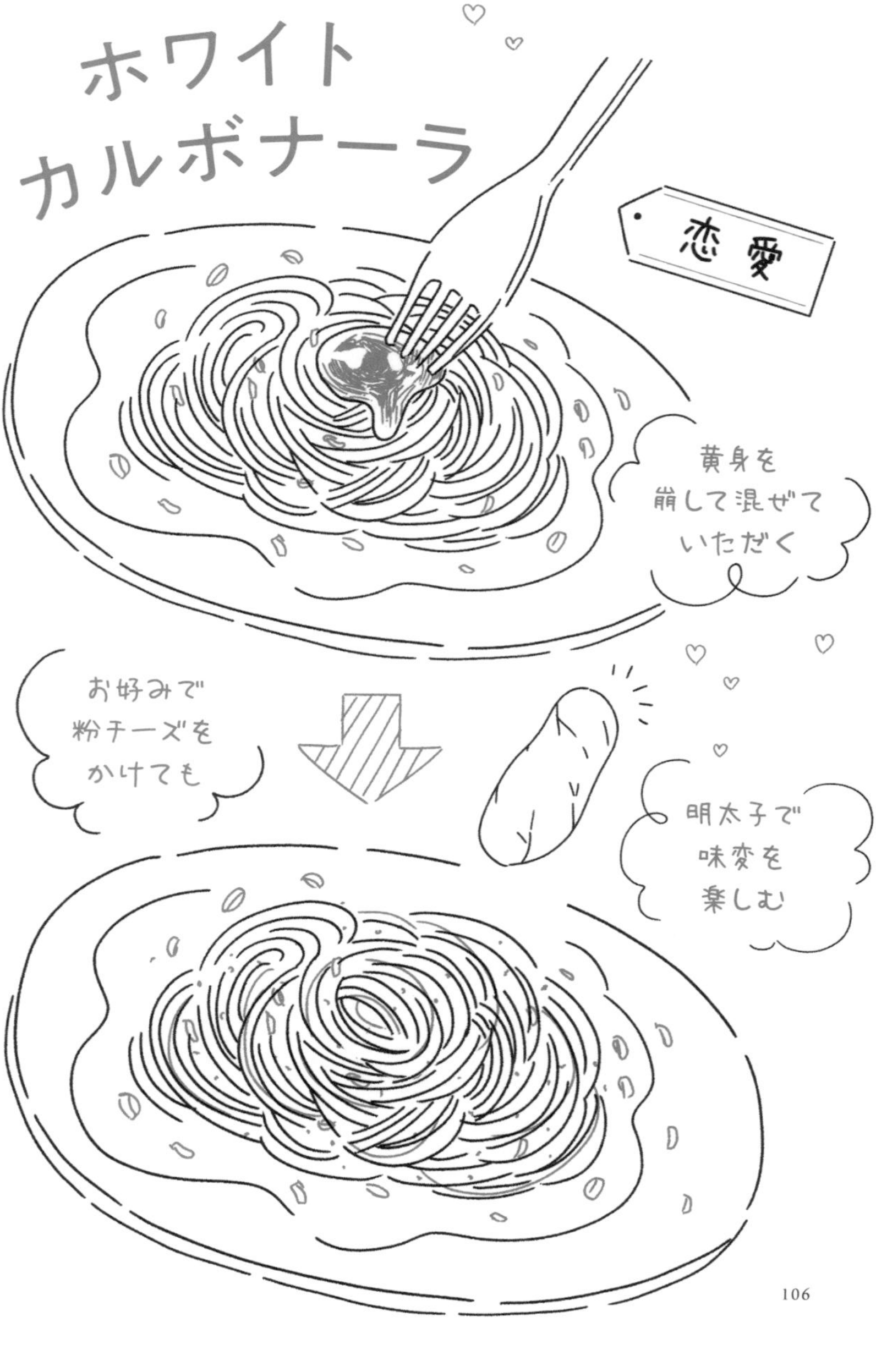
恋愛
黄身を
崩して混ぜて
いただく
お好みで
粉チーズを
かけても
明太子で
味変を
楽しむ

材料

※レシピは2人前

・パスタ　適量
・生クリーム　200㎖
・牛乳　100㎖
・昆布だし（顆粒）　小さじ1．5
・コンソメ（顆粒）　小さじ2
・塩　2つまみ
・こしょう　たっぷり
・万能ねぎ　適量
・白ごま　適量
・卵の黄身　2個分
・辛子明太子　適量

作り方

❶鍋に湯を沸かし、塩を適量（分量外）入れ、パスタを茹でる。

❷フライパンに生クリームと牛乳を入れ、弱火にかけながらやさしく混ぜる。

❸2がぷくぷく泡立ってきたら、昆布だし、コンソメ、塩、こしょうを入れ、なめらかになるまでやさしく混ぜる。（※昆布だしとコンソメはお好みで量を調整してください）

❹茹で上がったパスタを湯切りし、3に入れてなじませる。

❺4をお皿に移し、小口切りにした万能ねぎと、白ごま、卵の黄身をのせる。辛子明太子は脇に添えて、完成。

黄身の後のせ＆
明太子の味変が、
2人の仲を
さらに深める♡

パスタのような
長い縁が
紡がれる♡

・人間関係

納豆スペシャル

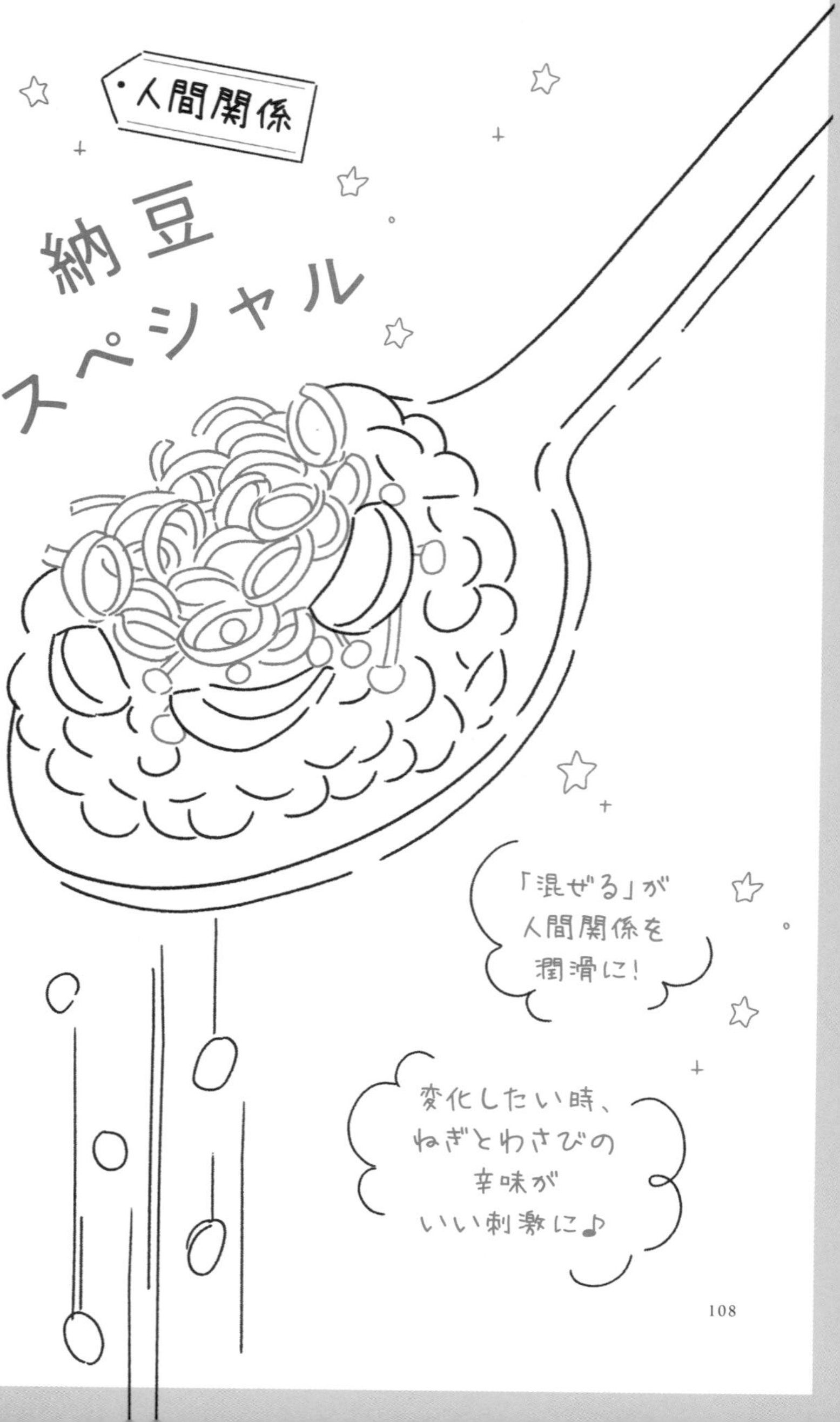
「混ぜる」が人間関係を潤滑に!
変化したい時、ねぎとわさびの辛味がいい刺激に♪

※レシピは2人前

材料

・**ひきわり納豆**　2パック
・**オクラ**　2本
・**山芋**　適量（短冊切り）
・**たくあん**　約60g（カット済み1／3パック）
・**九条ねぎ**　約50g（カット済み1パック）
・**なめ茸（えのきたけの甘辛煮）**　大さじ2
・**ごま油**　3～4滴
・**のりの佃煮**　小さじ1
・**韓国のり**　2パック
・**大葉**　好きなだけ
・**わさび**　適量

作り方

❶ オクラをさっと茹でて水で冷やし、1㎝ぐらいにカットする。
❷ 納豆を混ぜる。付属のタレは1か1.5個分くらいを入れる。
❸ 2になめ茸、ごま油、のりの佃煮を入れて混ぜる（味見して薄ければ、納豆の付属のタレを追加する）。
❹ 3にオクラ、山芋、たくあん、九条ねぎを入れてさらに混ぜる。
❺ 韓国のりの上に大葉を重ね、わさびを少しのせてから、4の具材をスプーンでのせていただく。

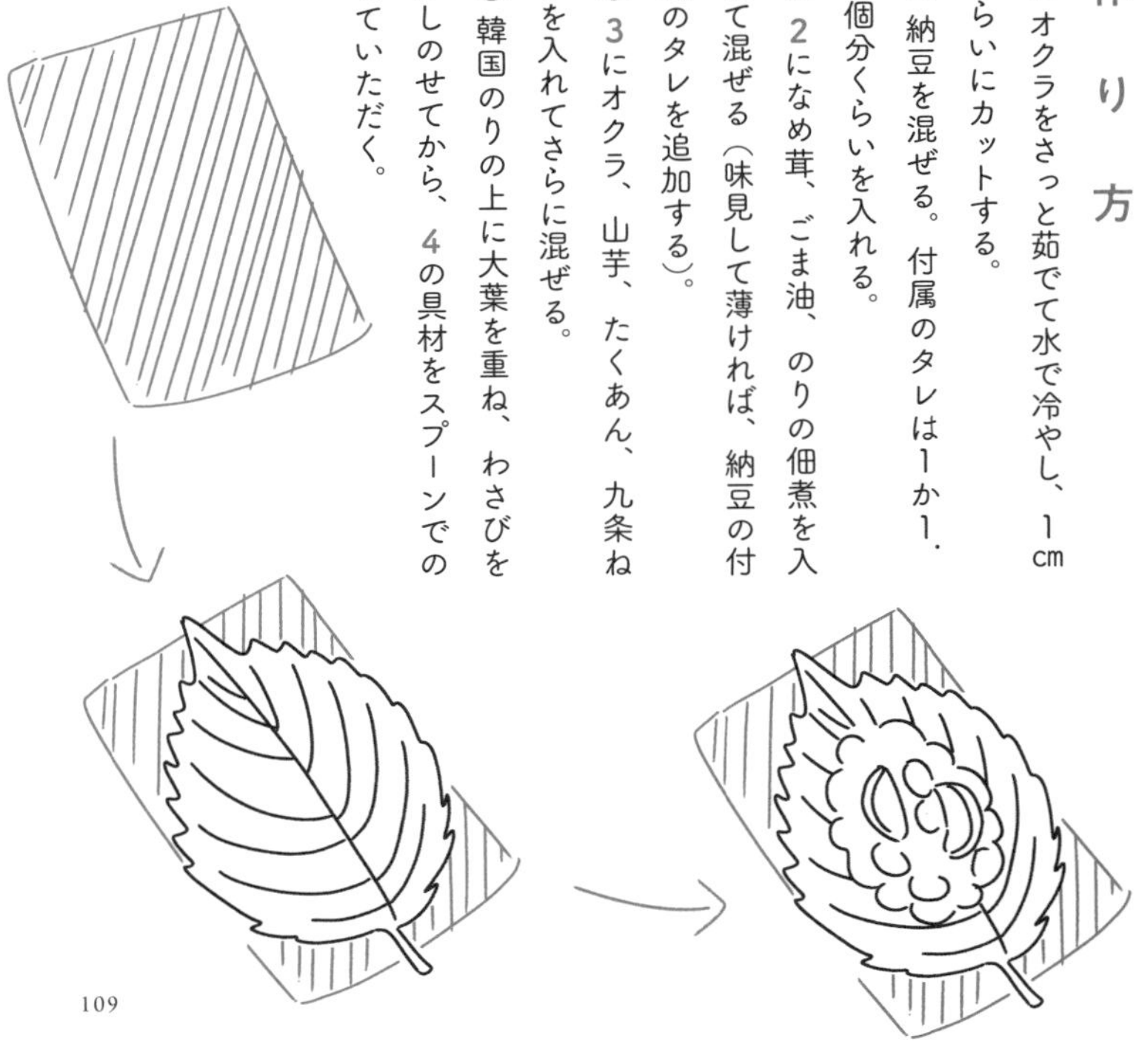

第5章

幸せ上手さんは「夢」上手

子供が将来なりたい夢を語る時、
とっても嬉しそうで、幸せそうです。
子供だけじゃなく、大人でも、夢を持っている人と
そうでない人では輝きが違います。
それは夢が持つ幸せな波動によるもの。
未来への希望、可能性がオーラとなり、
幸運が集まりやすくなっているのです。

★「夢」がある

「ケーキ屋さんになりたい」
「宇宙飛行士になりたい」
「お医者さんになりたい」
「お花屋さんになりたい」
「女優になりたい」
「ミリオネアになりたい」
「お嫁さんになりたい」

小さな頃は、いろんな夢があれもこれもとたくさん出てきたはずです。

それが大人になって、経験を積み、現実を知り、だんだんと夢見ることが減ってきた、あるいは、まったくなくなってしまったという人も多いでしょう。

たとえば小さな頃は「CAになりたい」とキラキラ目を輝かせて話していたけれど「英語ができない」「私には難しいよね…」。「ファッションデザイナーになりたい」と憧れていたけれど、「どうせ私には才能がない…」。なぜなりたいと思ったのか、ときめく気持ちを忘れて、現実的な理由をつけて、自分の可能性を閉ざして、夢からどんどん遠ざかっていきます。

それが大人になるということだと、もっともらしい"決めつけ"で。

幸せ上手さんは違います。いくつになっても夢があります。

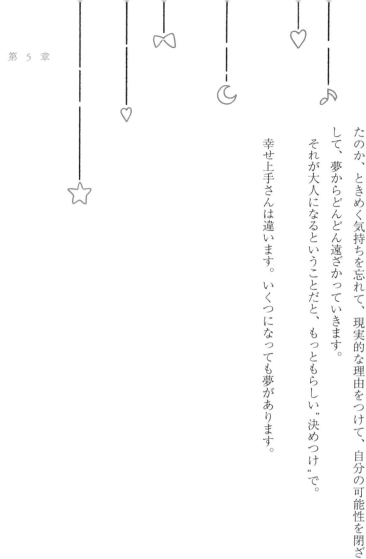

★「夢」を話せる

「あなたの夢はなんですか?」

そう聞かれた時、あなたはどう感じますか?　恥ずかしかったり、なんてことを聞くんだろうと思ったり…。

幸せ上手さんは、自分の夢を語ることに躊躇がありません。「こうなりたい」「こうしたい」というときめきに誠実で、嘘をついたり否定をしたりもしません。

夢がある自分を誇らしく、愛おしく、思っているからです。

夢を語る時、人目も気にしません。これが「私の夢だから」。「やってみたいと思うんだもん」「誰にも迷惑かけるわけでないし」「私の人生の冒険」――そんな感覚があります。

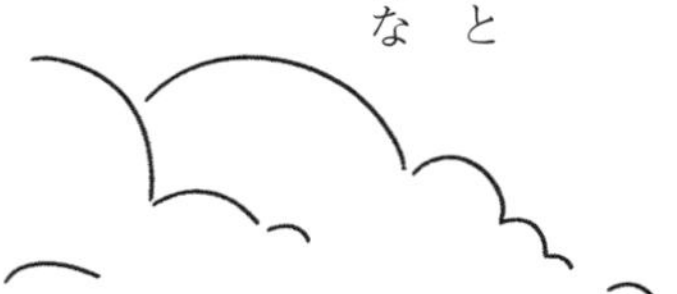

★逆R指定をつけない

夢には年齢も関係ありません。

たとえばずっとお嫁さんになることが夢だったとしましょう。幸せ上手さんならば「私はもう35歳だから…」「50歳になったからウエディングドレスは着られない！」などと、自分で自分に年齢制限をかけてしまうことはしません。80歳で「カメラマンになりたい」と思ったら、あっという間にＳＮＳで写真を投稿し始めていたりします。

自分で自分自身を否定するのは簡単ですが、可能性を閉ざすことになり、とってももったいない！　何かを始めようと思った時に、遅すぎるということはありません。

物事や人生に正解はありません。すべては自分で決められる。それなら少し自分の可能性に光を照らしてみませんか。

★大きな夢のために何か新しいことをやっている

夢が大きすぎると、叶わない、叶えられない、と思ってしまいがちですが、幸せ上手さんはそれが大きい夢だと思っていません。小さい時を思い出してくださ い。それが大きな夢だと思ったことはなかったはずです。

ちょっと想像してみましょう。

あなたは小学校に入学したばかり、ぴかぴかの一年生です。家にある大きな木に、真っ赤なりんごがなっています。それが食べたくて、食べたくて、何度もジャンプしますが、全然手が届きません。ただ、それでもジャンプをやめないはずです。周りの大人たちが「あなたにはまだムリよ」と言ってもやめません。「なんで? やってみないとわからないよ」「私はできるよ、見てて」と、まるで新しい遊びを見つけた時のように楽しみます。

「そのりんごには毒があるかもしれない」なんて言われても、「本当に? 触ってみたい!」「どんな毒?」などと逆に興味津々になるかもしれません。

そんな時、すぐそこに落ちている枝に気付きました。今度はそれでりんごを落とそうとします。「そんな細い枝じゃ届くわけがない」と笑われたら、もっと長い棒を見つけてくるはずです。

数時間後なのか、数日後なのか、数か月後なのか…そうやっていろいろ試して、そのりんごは必ず、その手につかめます。

夢も一緒です。

幸せ上手さんは夢が叶う、ということを知っているのではなく、夢は叶えにくいものだということを知っています。

★大きな夢のための小さな夢もある

希望という角度をつけて、大きな夢に着実に近づいていくのが幸せ上手さん。大きな夢を叶えるために自分に何が必要なのか、いま何が足りないのか、そういったことも正確に把握していきます。

★夢を叶えにいくためのｔｏ ｄｏリストを書き出す

夢を叶えるために自分に必要なもの——それは、頭の中で把握しているだけでは何をしていいかわからないもの。なのでノートにｔｏ ｄｏリストを書き出したり、いつ、何を達成していたいか、スケジュール帳に未来日記をつけている人もいます。

希望という小さな点をつなげて、不可能なことを可能にする線を作っているのです。もちろんときめく気持ちと一緒に。

★「悪いこと」を拒否しないで受け入れる

「このあと私にどんな悪いことが起きますか？」

「それはいつですか？」

　幸せ上手さんによく聞かれる質問です。

　毎朝テレビでやっている運勢ランキングで、ランキングが下のほうだとわかるやテレビを消したり、チャンネルを替えたりする人がいます。毎月の星占いで、アンラッキーデイと言われた日があれば「そんなわけない」と頑なになる人もいるでしょう。

　良くないことは聞きたくない！　とばかりに、拒否反応を示してしまうのは、とにかくもったいない。そこには、必ず回避できる術がある。身につけたらいいもの、ラッキーパーソン、開運行動…未来へのヒントがつまっています。

　先にもお話ししましたが、運気は誰かのものではなく、誰のもとにも巡ってくるもの。幸せ上手さんは、悪いことを知りたがります。それはちゃんと備えて回避したいからなのです。

★いまが運気最悪ならば、あとは上がるだけ

もっとわかりやすいお話をします。

神社でおみくじを引いたとき、凶が出たとします。幸せ下手さんは、見なかったことにするか、大吉が出るまで引き続けます。

対して幸せ上手さんは、神様のメッセージだと受け止めて、最初から最後までちゃんと読み、自分の心を戒めます。

「わかりました。頑張ります！　ありがとうございました」

と感謝して、神社やお寺にある「おみくじ掛け」にそのおみくじを結びます。

本来おみくじは、身につけて持ち歩いたり、家に置いて読み返すようにするものですが、凶のおみくじは、悪い運をそこに結ぶという意味で持ち帰りません。

悪い運は置いていきましたし、あとは運気は上がっていくだけ。幸せ上手さんはそうしたポジティブな考えで、悪いこともちゃんと受け入れているんです。

★「頑張ってる」と思っていない

こんなふうに話していると、幸せ上手さんは、とっても頑張り屋さんだと思われるかもしれませんが、それは誤解です。すべていつも通りの行動なだけ。

例えば、朝起きて、カーテンを開けて、布団を整え、掃除して、洗濯物を干して…苦手な人からすると、とんでもなく大変なこと。面倒だし、頑張らなくちゃと思ってしまいますよね。

幸せ上手さんは、習慣なので、すべてが当たり前。嫌なことではなく、むしろこれらをすることでスッキリするんです。太陽の下、洗濯物を干す時、パンパンと叩いてのばすことも一連の流れ。しわをのばすことで、隅々まで余すことなくおひさまのエネルギーを受け取れるからです。そうしたおひさまの匂いを受けた衣類は、ふかふかで、洗剤や柔軟剤の匂いは不要になるくらい。そんなパ

ワーがいっぱいの衣類をまとえるというのも、大きなときめきとなります。

洗濯の話になってしまいましたが、幸せ上手さんの習慣は、すべてが当たり前。そして必ず、ときめきとセットになっています。ですから夢を叶えにいくための努力にしても、「頑張ろう」という気持ちはありますが、「頑張らなければいけない」という気負いは必要ありません。

★「でも」「だって」を言わない

さて、ここまで読んできて、あなたの中に「でも」「だって」という言葉が何度出てきましたか？　お気付きでしょうか、「でも」「だって」の回数が多いほど幸せ下手さんになってしまうということを…。

確かにあなたの生活にはそんな余裕はないかもしれません。時間の都合もつかないかもしれません。ただ、「でも」「だって」を積み重ねることで、幸せ上手さんからはかけはなれていくのも事実。

「でも」ではなく、「やってみよう」。「だって」ではなく「そうなんだ」。

良い習慣と聞けば、それを取り入れてみようと思うのか、そうじゃないのかで、運命を変えることができます。

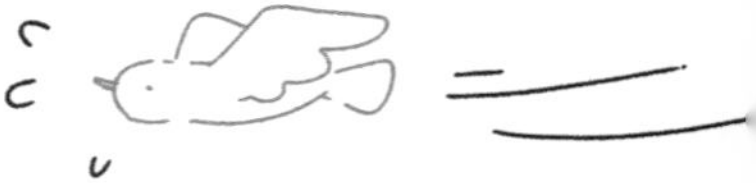

★どんなに忙しくても「忙しい」と言わない

「忙しい」は人や幸運を遠ざける言葉。「忙しい」が口癖になると、周りが遠慮してしまって、誘われなくなり、人脈も世界も広がっていきません。思わぬラッキーに出合うチャンスもなくなります。自分だけの閉じられた世界——いわば、ひとりロックダウン状態を作り出してしまうからです。

当然ながら幸せ上手さんは、どんなに忙しくても「忙しい」と言いません。

仮に仕事が立て込んでいる時も、「近くまで来たので挨拶だけでも」と言われたら、「挨拶だけなら」と快く応じます。このちょっとした行動ができるかできないかが、チャンスがやってくるかどうかの分かれ道となります。

★グチも言い訳も言わない

中途半端に生きている人は気持ちが散在するからグチをこぼします。

いい加減に生きている人は、その場をごまかすために言い訳をします。

一生懸命生きている人は、知恵を探すことで精一杯だからグチも言い訳も出てきません。

★疲れたら深呼吸

幸せ上手さんも疲れることがあります。

そんな時でも、周りのせいにしたり、グチや言い訳を言ったりしません。ただ、一生懸命生きていればネガティブな感情だって出てきます、人間ですから。そんな時どうしているのか——

思いっきり深呼吸です。大きく息を吸って、一気に吐き出す。何度か繰り返して、ネガティブな感情、波動も一緒に吐き出します。何も考えず、ただ呼吸に集中します。

気付きましたか？

「吐」くから、マイナスを取ると、「叶」うんです。

第5章

★決断は「天赦日《てんしゃにち》」「一粒万倍日《いちりゅうまんばいび》」にする

夢の話をされても、そうすぐに具体的に何か夢を持つことは難しいですよね。そんな時は、何か新しいことを始めたり、未来へ向けての大きな決断をしてみると環境が変わり、気の持ちようも変わるかもしれません。なかなか前へ踏み出せない人には、背中を押してくれる開運日があります。

日本の暦の上で最高の吉日とされているのが「天赦日」。天が万物の罪を許すため、あらゆる障害が取り除かれる日で、年に5~6回しかない貴重な開運日。また「一粒万倍日」も大安と並んで縁起が良い日です。文字通り、一粒の籾《もみ》が何倍にも成長して大きな利益をもたらす日となります。種まきや投資などを行うと吉。この2つが重なる大開運日もありますので、チェックしてみるといいかもしれません。

★「不成就日《ふじょうじゅにち》」はいつもより注意して過ごす

逆に暦の上で、いつもより注意して過ごさなければいけないのが「不成就日」。何事も成就せず、悪い結果だけを招く日です。たとえ「天赦日」と「一粒万倍日」が重なっていたとしても、「不成就日」であれば幸運が半減するといわれています。結婚や引っ越し、契約、願い事などいろいろなことが凶となりますから、とにかく注意が必要。そういう日は、休息日と考え、自分のケアを徹底すると幸運体質が備わっていきます。

★誕生日に自分を大切にする

誕生日は運気が切り替わるタイミング。誕生日が来るたびに自分がリニューアルされて、ひとつグレードアップしていきます。誕生日直前は、当日のグレードアップのためのリセット日。中途半端になっている物事をすべて終わらせ、清々しい気持ちで迎えましょう。そして誕生日当日、自分を大切にするためにエネルギーチャージ。買い物をしたり、好きな食べ物をいただいたり、髪の毛を切ってイメチェンしたり、全身トリートメントで自分自身を慈しむのも吉。ワンランク上がった自分を夢見て、自分を大切にする行為が開運へとつながります。

「年をとりたくない」「もう○歳になってしまった」などと、誕生日が嫌いな人もいるかもしれませんが、誕生日は一年のうちでも、夢や目標を持ちやすく自分のランクを上げられる素敵な日なので、そう考えるのはもったいないこと。

私のおすすめは誕生日ケーキの写真をスマホの待ち受けにすることです。自分へのお祝い。誰かからのお祝い。あなたが生まれた大切な日のその写真を見るたびに、ワクワクしたときめきを思い出せるように。何かを始めようと思った時や、年齢があなたの夢の邪魔をする時に、誕生日ケーキの待ち受け画面を見て「大丈夫、〇歳の私」と唱えてみてください。

これから続く人生のなかで、あなたがいちばん若い日は"いま"。何かをやろうと思った時がチャンスになります。

ときめきコラム

「夢」診断

あなたの"旅"はちょうど半分のところまで来ました。ちょっと疲れも出てくる頃でしょうから、小休止しましょう。やり方はとってもシンプル。この章には13項目ありましたが、「あなたがすでにやっていたこと」を数えてみてください。

その数で、あなたがいま持っている夢がどこまで花開いているのか、幸せをつかむ準備がどれだけできているかがわかります。

０個

夢の種を持っているのに、それを植えられていない

小さい頃はいろんな夢をたくさん持っていたはずのあなた。その夢の種はキレイにラッピングして大切に持ち帰っているのに、日々の雑事に追われ、「明日には」「明後日には」…と思っているうちに、ラッピングされた種は押入れの奥底に。植えることを忘れてしまっただけじゃなく、その存在すら記憶から消え去ってしまっている状態です。

押入れの奥底なので光が当たらず、新鮮な空気にも触れず、もちろん水をあげることもしていません。土に植えていないのだから、もちろん芽吹くこともありません。

「夢見たってしょうがない」
「どうせ叶わないし」

もしそんな言葉が頭をよぎるなら、あなたは1章で触れた「自分を好き」でい

ることができていないのかも。どうせ私なんか…という自虐は捨て、1章に書かれたような「好き」をひとつずつクリアしていきましょう。すべてをクリアした頃には、確実にあなたの夢の種は芽を出しているはずです。

1〜5個

種は芽吹いたばかり。手入れが重要

自分の夢に向かって頑張ろうという、やる気に満ちている光が見えます。

あなたの夢の種は芽吹いたばかり。まだ柔らかくて脆い、若葉の状態です。いま、手入れを怠けてしまうと、種のまま育たないということもありえます。反対に、きちんと水と肥料を与えたなら、立派な花を咲かせることもできるでしょう。小さなスミレのつもりで手入れをしていたら、実はバラやひまわりだったというくらい、あなたの夢そのものが大きくチェンジする可能性も眠っています。そう、こういう大事な時期だからこそ、

「私はこれだけやってるから大丈夫」と過信せず、丁寧にもう一度見直してみましょう。水をやりすぎて根腐れを起こしたり、実は害虫に蝕まれていたりするかもしれません。どちらもよく観察していれば、やるべきことはまだまだあるんだ、と気付くことができます。

6〜10個
開花まではあと少し、蕾の状態

幸せ上手さんが夢を実現させるために実践していることを、半分以上やっているあなた。夢に向かって、やるべきことがきちんとわかっていて、確実に歩みを進めているようです。花の蕾が、いまか、いまかと、ふっくら膨らんでいる状態です。が、蕾が強い雨風に弱いように、蕾のまま放置せず、きちんと守ったり、温めたり、自分という〝宝物〟を大切に扱いつつ、このまま夢に向かって集中して取り組むことでいい結果が出そうです。

せっかくの大事な夢を枯らすことなく、自分を信じて進んでみてください。もちろん、自分のときめきを何よりも大切に。

11～13個

ほどなく満開！　大輪の花を咲かせるはず

あなたには夢がある。何歳になっても、叶えたいという願いとともに、その準備は無意識にできあがってきています。生きるエネルギーにあふれ、自分を喜ばせ、人を笑顔にさせることができる。あなたは気がついていないかもしれませんが、とても良い波動を持っています。あなたの夢を阻む障害物はいまのところ見当たりません。

そう、すでにあなたは「幸せ上手さん」。いえ、それ以上に、可能性は無限に広がり、あなたが当初描いていた夢以上のことが起こる可能性も高めです。「～になりたいけど、これもいいな」

夢を追いかけていたら見えてきた、別の夢があるなら、どんどん言葉に出していきましょう。遠慮は無用です。あなたの掲げた夢は近い将来にきっと叶うでしょう。

第6章

幸せ上手さんは「見た目」上手

芸能人やモデルがみんな持っているからと
流行のバッグを持っていたり、
ムリや背伸びしてまで、
毎月お洋服をたくさん購入してみたり…
幸せ上手さんの「見た目」には、
そういう習慣はあまりありません。
季節感、清潔感、そしてTPO。
幸せ上手さんのファッションには、
自分の「好き」や「ときめき」はもちろん、
着回したり、アレンジしたりなど、
毎日に楽しみがつまっています。

★指先を整えている

幸せ上手さんの指先はいつもキレイです。

美しく保つ理由は、他人からどう見られたいかというより、「指先は顔以上に、自分がいちばん目にする場所だから」。ネイルが禿《は》げていたり、のび放題だったり、「場違い」だったりすると、それを目にするたびに、自分のテンションが下がるからです。ネイルをしていない場合でも、指先までしっとり、丁寧に整えられています。

指先は運気のアンテナともいわれています。特に左手の指が運気を左右させる指です。

それぞれの指に宿る運気についてはこちら。

- 親指……………信念
- 人差し指…………行動力

・中指……魔除け
・薬指……恋愛・結婚
・小指……幸運・チャンス

カラーをする場合は、黒は避けたほうが良いでしょう。どうしても黒を塗りたい場合は、赤を塗って、その上から塗ると悪い流れを引き寄せません。

また、カラーをせずとも、爪に丸みをつけ、短くしてツヤを出すだけでも効果がありますよ。

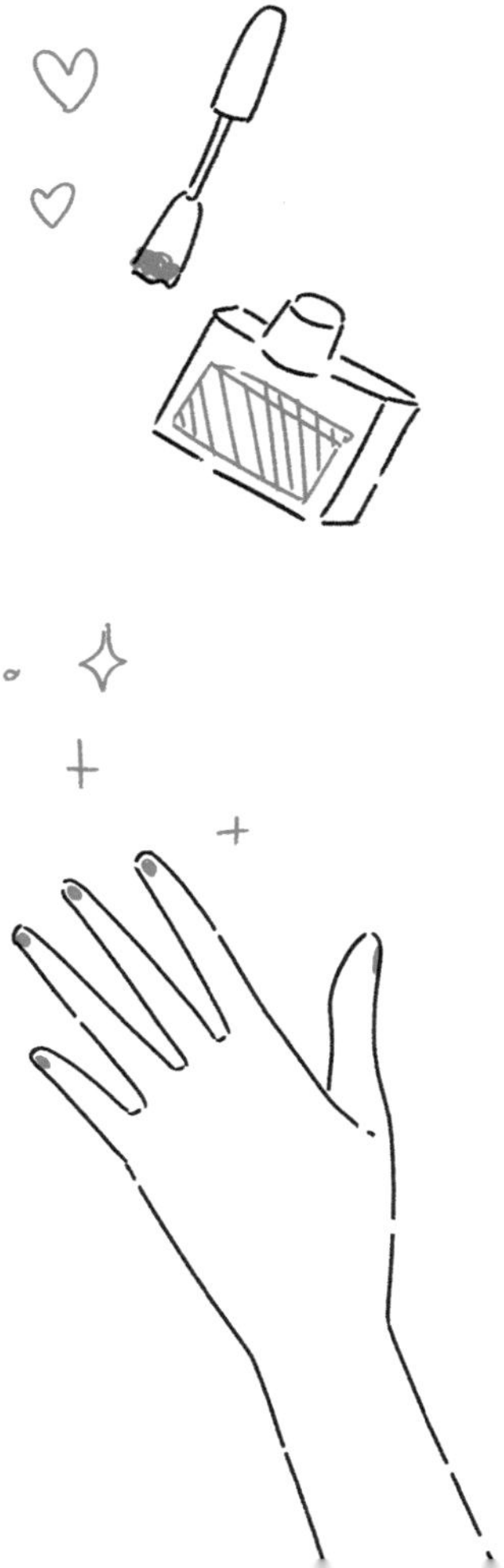

★ 季節感を大事にしたファッションができる

食べ物の旬を大切にするように、着る物の季節感も大切にしています。具体的には、素材や色を意識している人が多いですね。

例えば3月や4月。暦の上では春ですが、まだまだ寒い時期ですよね。「ダウンコートを着ていれば大丈夫」といつまでも羽織っている人は幸せ下手さんです。「ちょっと寒いけど、もう春だし！」と、コットンやポリエステルなどの軽い素材のものにチェンジ。色も、黒やネイビーとかでなく、ベージュや明るい色を選べるのが幸せ上手さんです。

★ 最適な「衣替え」ができる

毎日同じものを着倒していると、洋服に宿るパワーも失われていきます。だからといって毎シーズン、新品を買う必要はないんです。たとえ10着のワードロー

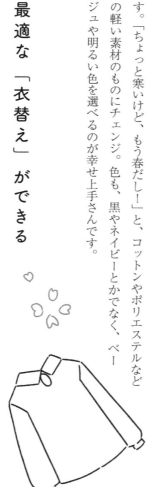

ブでも、どう新しく自分を見せられるか――それがテーマです。

そして、ある程度着たらロングバケーションへ。洋服を大切に扱う気持ちと、新しい季節へのときめきが、最適な「衣替え」にリンクしています。

★しみ、ほつれ、毛玉を避ける

洋服を着続けていると、どうしたって汚れたり、よれたり、毛玉ができたりとダメージが出てきますが、幸せ上手さんはそうしたダメージを放置せず、こまめにメンテナンス。クリーニングに出したり、ほつれや毛玉を見つけたらすぐにケアしています。

彼女たちの洋服がいつも「なぜか新品みたいにキレイ」なのはそのため。

★下着は着倒さない

一方でアンダーウェアやタオルなどの日常品は、ヘタってきたなと感じたら、買い替えます。触覚についてはすでにお話ししていますが、肌に直接触れるものこそ、運気を左右していきます。またその運気は、滞ると悪いモノに変わっていきます。「気」はためず、回していくことが幸運体質への近道。

だからその日つけていた下着はその日のうちに洗います。洗濯物はためて洗う派はまずいません。買い替えのスピードが早くなるのは必然です。

★勝負下着がある

「勝負時には赤い下着をつける」

そういったゲン担ぎをすると、気合いが入ったり、自信がわいてくるので、自ずと幸運を引き寄せやすい状態になっていきますが、実際「赤い下着」にはさまざまな効果があったりします。

まずは赤という色が持つパワーについて。青い部屋にいる時と比べて、赤い部屋にいる時では、心拍数が高まり、体感温度が2～3度上がるというデータもあります。赤は自律神経に作用し、やる気の源であるアドレナリンの分泌を促す効果があるということも知られています。

また東洋医学では、赤は体を温める効果があるといわれています。気の発信地「丹田《たんでん》（おへそのすぐ下のあたり）のツボ」を赤で覆うと、エネルギーを充電してくれます。

赤でなくとも、自分なりのジンクスを下着に持っているのが幸せ上手さん。丁寧に手入れをしてある、上下おそろいの下着で、身も心も引きしめています。

恋愛運	**「出会い」**はミントグリーン	風のエネルギーを受け、新しい風を送り込む
	「恋したい」は水色	恋愛するために自分を変化に導く
	「愛されたい」はラベンダー	"もっと"を叶えてくれる
	「幸せ継続」はベビーピンク	大きな包容力と安心感のカラーで、安らぎを与えてくれる
金運	シャンパンゴールド	コインを連想させる丸い形や、中国でお金を意味する魚のモチーフは吉
仕事運	ブルー	冷静と信頼のカラー。レース素材が運気を底上げ
健康運	グリーン	生命力と心身リラックスに効果。スクエアチェック、鳥柄で運気プラス
人間関係	白	浄化カラー。悪いエネルギーをリセットし、新しいスタートができる
悪運回避	紫	魔除けのカラー。悪いこと、災いから身を守ってくれる
レベルアップ	シルバー	願望を実現させたり、才能を開花させたりするパワーのあるカラー

★擦り切れた靴は履かない

素敵な靴を履くと素敵な場所に連れていってくれる――

ヨーロッパにはそんな言い伝えもありますが、幸せ上手さんもそう信じています。

擦り切れてボロボロの靴はまず履きません。ときめく場所、ときめく人のところへ連れていってくれる靴ですから、お手入れは入念にしています。脱いだ時に、中敷きが汚れているということもありません。

指先同様、足は大地からの運気を吸い上げる器官。しっかり地に足をつけて歩けば、キラキラ輝く運命と出合えるはず。

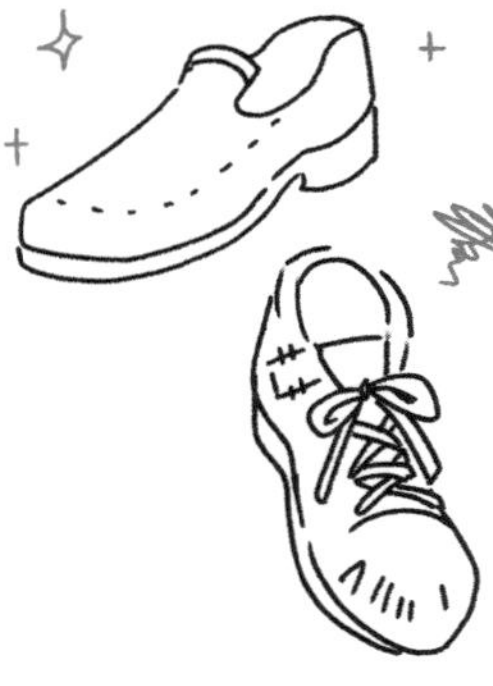

★靴をまたがない

靴をまたぐことは、人をまたぐことと同じで、その持ち主にとってとても失礼なこと。だから、靴をまたいだり、ましてや、踏むようなことはしません。ちなみに自分の靴をまたぐと縁が遠くなっていきます。また女性が男性の靴をまたぐとその男性のエネルギーを消耗させ、出世が遠のきます。

前述しましたが、玄関は気の入口。靴は靴箱にしまうか、端によけて気の動線を作ることを意識しましょう。

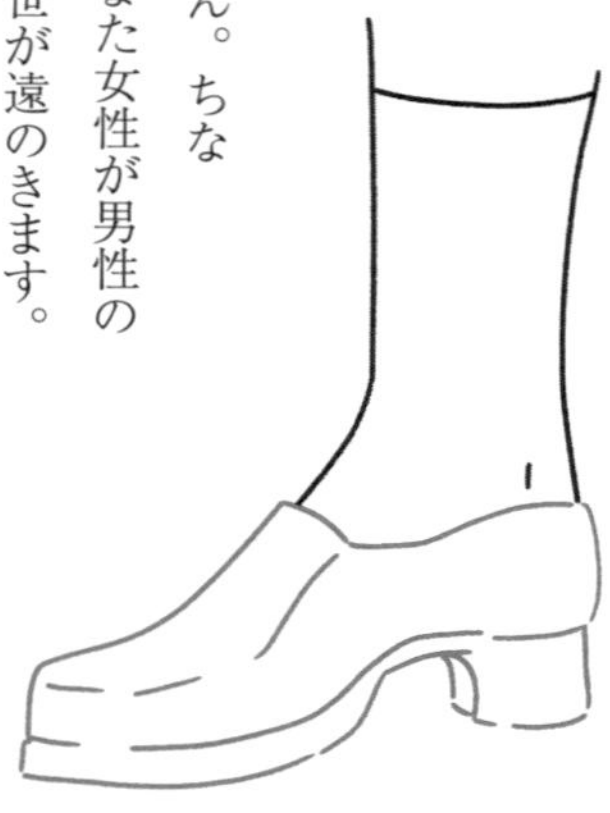

★「ちょっとそこまで」のスタイルがある

いつでも「Ｒｅａｄｙ（準備できている）」な幸せ上手さん。休日、ちょっとそこまでと出かけたコンビニやスーパーで、ばったり友人に会ったとしても、恥ずかしくないくらいの身支度が整えられています。

思いがけないタイミングで訪れたチャンスに、堂々としていられること。実はこれが幸せを手にするかどうかの分かれ目だったりします。ヨレヨレの、パジャマ同然の部屋着で出かける、オンとオフがあまりに別人…という人は幸せ下手さんです。

★「疲れたな…」という時はバスタイムでデトックス

幸せ下手さんからしてみれば、幸せ上手さんの習慣は、とても真似できることではないと思えるし、聞いてるだけで疲れてきてしまっているかもしれません。

では幸せ上手さんは疲れに鈍感なのかといえば、そうではありません。

「疲れたかも…」

「最近調子悪い」

むしろ、そういった心と体の不調に人一倍敏感です。ダメになりそうな兆しにもいち早くリアクションできます。

そんな時どうするか？

大層なことはしません。ただ、ぬるめのお湯に、ゆっくり浸かるだけ——

時にはバスソルトを溶かして入浴します。それでもスッキリしない時は、塩を揉み込むようにマッサージを行うこともあります。

日本では古来から、浄化のために盛り塩をしたり、お清めに塩を使うことも。
バスソルトは心と体の滞りを解消してくれるアイテムとして知られています。
毎日のバスタイムの定期的なデトックスが、疲れを蓄積させせません。

幸せ下手さんのためのときめきレッスン 5

★憧れのスタイルがある人を見つける

見た目を美しくするといっても、何から始めたらいいの？　という人は、まず身の回りで「素敵だな」「おしゃれだな」と思う人を見つけてください。そして真似をしてみて。どんな服を着ているのか、どんな靴を履いて、どんなバッグを持っているのか、そしてどんなふるまいをしているのか。あなたの心がときめくままに、その人の真似をしてみましょう。

★予定がない日におしゃれをしてみる

「見た目にこだわるのってなんだか恥ずかしい」

「人の目が気になる」

そう思う人もいるでしょう。そんな時は誰に見せるわけでもない、自分のためだけにおしゃれをする日を作ってみて。思い切って素敵なワンピースを着てみる、ヘアスタイルを変えてみる、毛先を巻いてみる、新作の口紅を使ってみる、お気に入りのアクセサリーをつけてみる…。なんでもいいので、簡単なことからときめきを見つけてみてください。

★少なくとも週に1回5分、自分を愛おしむ時間を作る

バスソルトを入れての入浴や、アロマオイルのマッサージと聞くと、幸せ上手になるためのハードルがぐっと上がってしまいますが、重要なのは、自分の心と体に向き合えているかどうかということ。自分自身を愛おしんだり、労ったり、癒したりする時間を、週に1回、最低5分でも持てているかどうか振り返ってみましょう。

「ゆっくり湯船に浸かって、ぼ〜っとする」
「ちょっと高級なスイーツを楽しむ」
「好きな漫画を夜通し読む」

「推しを愛でる」

あなたの中身が幸せで満たされていれば、あなたのオーラはみるみる光を増していきます。

第 6 章

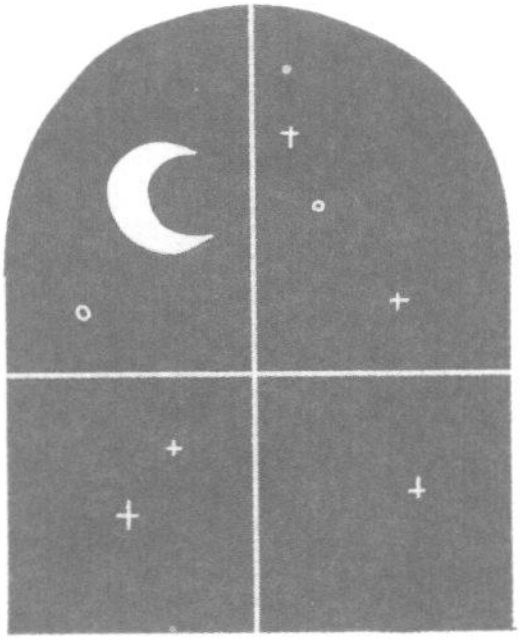

第7章

幸せ上手さんは「自然」上手

「そろそろ桜が咲きそう」
「新緑が気持ち良い」「紅葉が始まったなぁ」――
そんなふうに身近にある季節を楽しんだり、
明け方から夕暮れ時まで、
1日の太陽の匂いを感じたり、
夜になれば月の満ち欠けに耳を傾けたり…
そういった自然の流れを楽しむとともに、
暦のパワーも味方につけるのが幸せ上手さんです。

★花を愛でる

自然とのおしゃべりを楽しめる幸せ上手さんは、お花好き。

どんなに忙しくても、それがたとえ一輪であっても、お花を飾る習慣があります。週1回お花屋さんに行く、行きつけのお花屋さんがある、そして行きたいお花屋さんもあり、たまたまお花屋さんの前を通過する時は、並んでいる花たちに笑顔で微笑むことも。そんな生活のおかげか、季節のお花に詳しくなってきます。


春といえば3月、4月をイメージしますが、本格的な冬が始まった時にはお花屋さんは春のお花に衣替え。色や花びらの形によりさまざまな種類があるチューリップや、コロンと丸いフォルムのラナンキュラスが並びます。

花言葉もよく知っています。「愛情」「美」「恋」が花言葉の赤いバラ。蕾なら「純愛と愛らしさ」を意味します。送る本数にもメッセージが込められ、1本なら「一目惚れ」、2本なら「この世界はあなたと私だけ」、3本なら「愛しています」と告白、100本なら「100％の愛」――

知れば知るほどお花選びも楽しくなり、「そうなんだ」とときめきます。いまワクワクしたあなたも幸せ上手さん。

そしてお花を飾るからには、「どこに飾ろうかな?」「少しお部屋をキレイにしてみようかな♪」と、そんな心の余裕が、さらなるいい運気を招きます。

植物には家の邪気を吸い取る力が知られていますが、花には、持つ人の運を開かせる強いパワーがあります。

★太陽と仲良し

朝起きて、カーテンを開けて、おひさまの光を浴びるといった習慣についてはすでに触れましたが、それだけではありません。
日中は、温かく照らしてくれる光に感謝して布団や洗濯物を干す人もいれば、仕事の休憩時間にひなたぼっこをしてリセット、午後に向けてのパワー充電をする人もいます。

黄昏時は一日でもとりわけ美しいひととき。夕日に照らされた草木、花の匂いに安らぎながら、「今晩は何を食べようかな」「帰ったら何して過ごそう」とワクワク。そんな太陽のエネルギーをたっぷり吸収し、ナチュラルに陰陽のバランスを整えています。

★満月の日は「いらないものを捨てる」

おひさまだけではなく、お月さまとも仲良し。

ふと見上げるとやさしく照らすお月さまの光。実は私たちは月からもエネルギーを受けています。幸せ上手さんは、星を眺めたり、夜空を見上げる習慣があるので月の満ち欠けにも詳しかったりします。

古くから満月はパワーがあると考えられてきましたが、満月の日はエネルギーが満ちあふれている状態。物事を吸収しやすいので太りやすく、イライラしやすいこともあるでしょう。

そんな時はいらないものを思い切って捨てます。

自分自身を浄化し、悪い習慣を手放してみる。満月から新月に向けてエネルギーは放出されていくので、いままで起きたことを振り返れる素敵な日なのです。

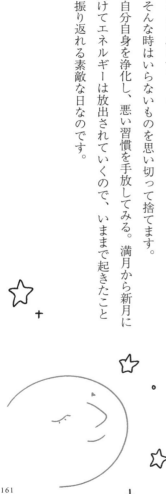

★新月の日は「新しいことへの挑戦」

エネルギーがリセットされる新月。

少しだけ気分が落ち込んだり、やる気が出ないなどと感じることもありますが、幸せ上手さんは、新月の日には決まって忙しさやストレスからは距離を置き、お部屋でゆっくりとやりたいことリストを書き出しています。そして同時に、自分の心の奥底にある願いや希望と向き合い、新しいスタートの準備をします。

良質なお水をたっぷり摂って体内の巡りを良くしておくことも、新月の日に意識的に取り入れているルーティンです。

★自然の"声"を聴ける

これまで直感を高める五感について少しずつ触れてきましたが、ここで、聴覚についてお話ししましょう。

「耳寄り情報」という言葉もあるように、チャンスや人脈、成功につながることは耳から入ってきます。一方で、噂話や悪口など低俗なことも最初に受け取るのは耳。ですが、耳にはフタができないし、良い・悪いを瞬時にジャッジすることは難しいですよね。

ただ習慣によって、聴覚を鍛えることはできます。それは悪い波動を持つ音からはなるべく距離を取り、「波動の良い音」を意識して聴くことです。

季節の移り変わりを感じ、自然と会話をする。好きなテレビや動画を見たり、クラシック音楽を聴くのと同じように、鳥のさえずり、木々のささやきなど、自然が奏でる音を聴いてみること――

幸せ上手さんと幸せ下手さんが同じ条件で同じ話を聞いたとしても、幸せ上手さんは、ワクワクするような楽しい話は覚えていても、悪口や噂話を誰かに話そうとは決してせず、自分の目や本人に聞いた話しか信じません。対して、幸せ下手さんは、悪い話ばかりいつまでも覚えていて、それを面白おかしく誰かに話します。

　これはどちらの波動の音に共感しているかがわかる象徴的な例。言い換えれば、聴覚は、自分の波動の状態がわかるバロメーターでもあるのです。

★季節の行事にときめく

　お正月には干支の置物を飾り、節分には豆をまいて恵方巻を食べる。お節句には子供がいてもいなくても、ちらし寿司を食べ、七夕には夜空を見上げながら願い事を書き出す。お盆にはおはぎを供え、ご先祖様に想いを馳せる。十五夜には月明かりの下で、本を開いたりお団子を食べる。

幸せ上手さんは一年を通して、季節の移り変わりを感じ取り、感謝やお祝いの気持ちとともにときめいています。そうした心の豊かさ、美しさが、自然と幸運に導かれていきます。

★季節を分ける日に「お祓い」をする

日々の生活でもお掃除という「お祓い」を意識している幸せ上手さんにとって、季節を分ける立春・立夏・立秋・立冬などには、特に邪気祓いをしています。季節の変わり目に位置する日はバランスが悪く、季節の境目から、体調の変化だけではなく、悪い流れが侵入してきやすいからです。

お線香を焚いたり、ホワイトセージで空間を浄化したり、おうちの中を「お祓い＝お清め」で、衣替えとともに季節もスムーズに変化させます。

ときめきコラム　季節の行事☆☆☆

美しい自然と四季に恵まれている日本は年中行事がたくさんあります。何百年にもわたって伝承され、ご先祖様たちから受け継がれた「日本の暮らしと伝統文化」。祈りと感謝を大切に、面倒だなと思わず、少しでもときめきを感じながらそれらの行事に触れ合ってみると幸せ上手さんに近づくでしょう。

お正月

★「あけましておめでとうございます」

無事に一年を乗り越え、「新年」というプレゼントをいただいた時、口にしている言葉です。

「明ける」「開ける」が、「めでたい」という喜びにつながるこの言葉は、良いことが起こることを前提にした言葉。ですので、「あけおめ」と略すのではなく、「あけましておめでとう」と言ってください。

★初日の出

元旦のおひさまに、手を合わせる。初日の出を拝むことは新しい年を迎えられた感謝と、太陽のエネルギーを授かり、一年間の無病息災や豊穣を祈る習わしです。心静かに手を合わせましょう。

★元日に掃除はしない

はたきがけ、拭き掃除はしない。福の神様を追い払うことにつながるので、掃除は年末までに必ず終わらせましょう。

〝縁を切る〟につながるので、三が日はなるべく包丁を使わないようにし、喧嘩をしないようゆっくりと、この一年ですべきことや目標を考えてみてください。

一年の計は元旦にあり。

★七草粥《ななくさがゆ》

一般的に七草とは、「芹・なずな・五行（母子草《ははこぐさ》）・はこべら（はこべ）・仏の座（たびらこ）・すずな（蕪）・すずしろ（大根）」のことをいいます。

一月七日の七草粥はぜひ食べてください。お正月のごちそうなどで疲れた胃を休め、野菜不足を解消するものですが、一年の健康が守られ、良い流れを作ってくれます。

★松の内

門松は神様の宿る依り代《よしろ》、注連飾《しめかざ》りは厄神が家に入らないための結界。

お正月の松飾りのある期間のことを松の内（地方により元日~七日、あるいは十五日まで）といいますが、その期間は清らかな日々。気を引きしめて過ごし、仕事や学校など日常生活に備えましょう。

★鏡開き

松の内が過ぎたら次は鏡開きです。鏡餅は、神様へのお供え物なので、そこには神様のパワーが宿っています。それをいただき、運を高めるのが鏡開きです。お餅は包丁で切らず、叩いたり、割ったりして細かくしましょう。最近はスーパーでプラスチックの鏡餅型に、小さなお餅が入っているものも売られています。そういったものはそのまま食べてもOKです。

お汁粉の赤い小豆は魔除けになるので、神様のパワーが宿ったお餅と一緒にいただくことで、大きな開運行動に。つきたてのお餅に大根おろしをかけていただくからみ餅は、そのからみにより、新しい変化と「金の気」アップにつながります。

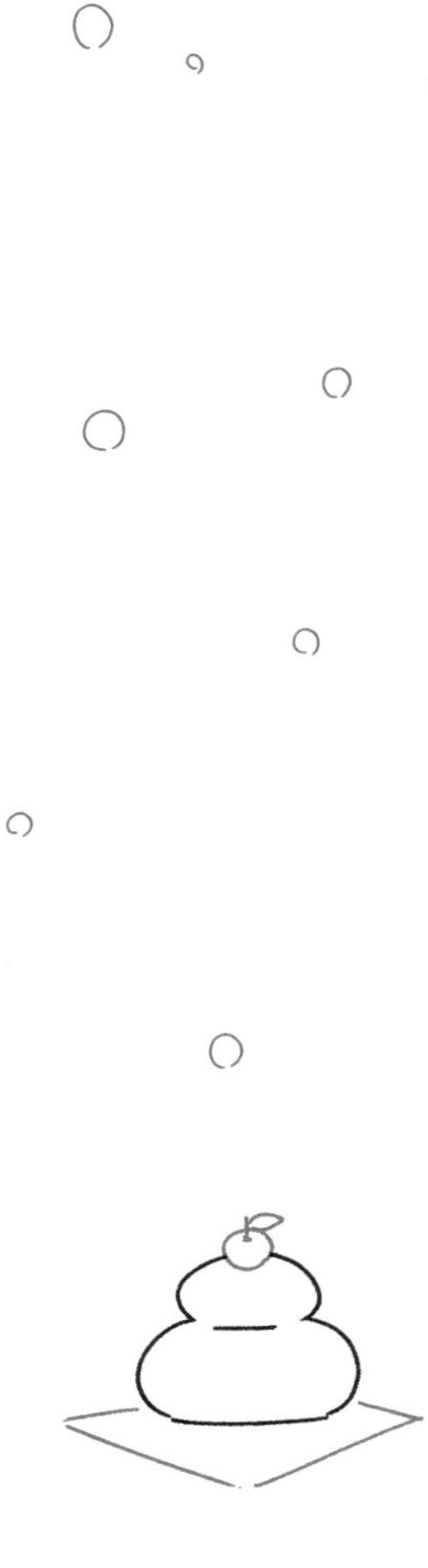

春

★節分

立春の前日は節分の日。文字通り、冬から春へと季節を分ける日で大切に過ごしていただきたい日です。

★豆まき

豆をまくのは、鬼が大豆を嫌うため。諸説ありますが、生の豆をまくと厄の芽が出るといわれ、炒った豆が爆《は》ぜる音も厄除けになります。まき方は、夕方、おうちの戸や窓を開けて外に向かって「鬼は外」を二回、「福は内」を二回繰り返すのが一般的で、こちらも地方によっていろんなやり方があります。

★恵方巻

福を取り入れる恵方巻は、豆まきをしたあとに食べましょう。厄を祓い、浄化したあとのほうがラッキーを呼び込みやすいからです。こちらも地方によっていろいろなやり方があります。

★雛祭り

三月三日、五月五日、七月七日、九月九日。奇数月で、月と同じ数字の重なる日には何かしらの行事があります。

まずは三月三日、雛祭り。女の子の成長を祝う行事で、別名、桃の節句。桃の花を飾って、白酒《しろき》を飲む行事です。桃は邪気を祓う仙木。桃太郎が鬼を退治する昔話もそこから来ています。桃のパワーを得るために、桃の葉をお風呂に入れて入浴することも。漢方的な効能もあります。

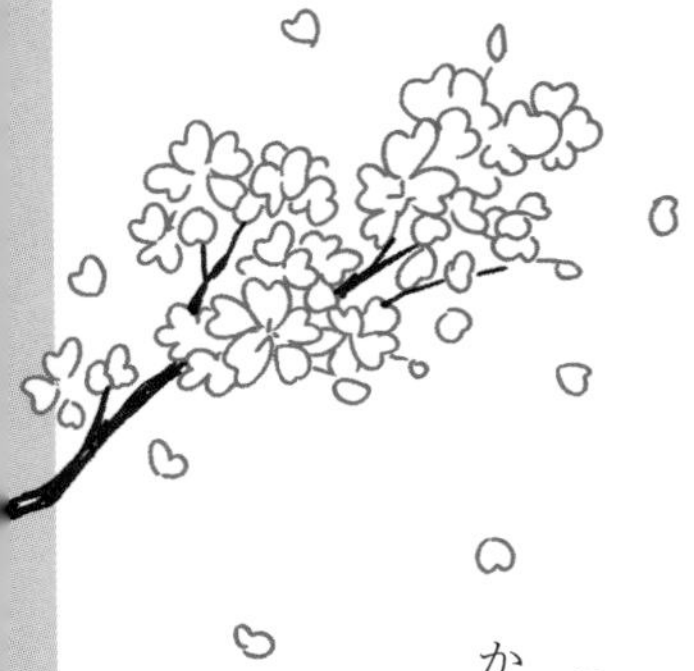

この日食べる縁起物に、草餅があります。日本ではお餅は神様からの賜り物で、縁起物という考えがあり、一年を通して、年中行事には何度も登場する食べ物です。草餅は、そういった

お餅の福をいただくとともに、厄除け効果のある蓬《よもぎ》を取り入れられます。

雛祭りは女の子のお祭りですが、縁起物を食べることに男女は関係ないので、5月の端午《たんご》の節句と同様、みんなで楽しむようにしましょう。

★お花見

満開の桜の下での宴は、実はお祓い行事なんですよ。桜は「沙《さ》＝神」「坐《くら》」で、神様の宿る花。浄化のパワーがあります。

楽しく騒ぐことはそれだけで厄を遠ざける効果があるので、お花見は幸せ下手さんでも習慣にしやすい年中行事といえます。

夏

★初《はつ》鰹《がつお》

鰹に限らず、初物《はつもの》を食べると七十五日寿命が延びるといわれています。若々しいパワーに満ちている初物を食べる時は、より大きな福を招くために、東を向いて笑いながら食べると吉。

★端午の節句

五月五日は奇数が重なったおめでたい日で、男の子の成長を祝う日とされています。神様を招く鯉のぼりを飾り、ちまきや柏餅を食べることで除災招福《じょさいしょうふく》。菖蒲《しょうぶ》湯《ゆ》は、その香りが厄を祓い、魂を浄化します。

★夏越《なごし》の祓《はらえ》

六月三十日に行われる夏越祓は、お祓い行事のなかでも大きな力を持っています。新年より半年間たまった穢《けが》れを清め、夏以降の無病息災《むびょうそくさい》を祈願する大事な節目。神社によっては、茅の輪《ちわ》がもうけられますが、これを三回くぐると穢れが祓われます。

この日の厄落としに「水無月《みなつき》」があります。三角形のういろうの上に、甘

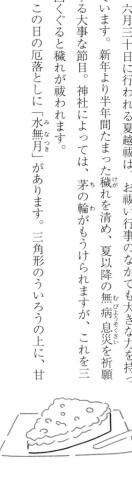

い小豆がのった和菓子です。神社に行けない人は、この水無月を食べると開運。

★土用《どよう》

土用は季節の変わり目で、立春・立夏・立秋・立冬の前、各十八日間のこと。節分の境と同じで、魔が入りやすい時期です。四季それぞれに土用はありますが、いまは夏の土用が行事として認識されています。土用の丑《うし》の日、暑気払《しょきばら》いとして鰻《うなぎ》を食べて、厄祓い。

秋

★七夕

織姫と彦星の物語で知られていますが、初秋にあたる旧暦のこの日は、お盆を前にした祓いの日。七夕は水で穢れを流す日で、この日に井戸をさらったり、お墓を掃除したりしました。古い言い伝えでは、七度親を拝み、

七度水を浴び、七度仏を拝み、七度ご飯を食べると体が丈夫になるそうです。それらをすべて行うのは難しいですが、この日の夜十二時に髪を洗うと穢れが祓われるといわれています。

★お盆

お正月と同様、多くの日本人にとって特別な日のひとつ。地域によって時期はさまざまですが、毎年七月十五日、あるいは八月十五日を中心に行われます。お墓参りでは、お墓やその周りをキレイに整え、お線香を焚いて、お花を供えて、ご先祖様に日々見守ってくれていることを感謝しましょう。

★お月見

旧暦の八月十五日の満月は、中秋の名月、十五夜。もともと月の満ち欠けによって月日を知り、農業を営んできた日本人にとって、この日は収穫の感謝祭。すすきや団子、芋などを飾り、酒宴を楽しむことで、さらなる幸運を誘います。

★重陽《ちょうよう》の節句

九月九日は、いちばん大きな奇数である陽数が重なるため「重陽」といいます。別名、菊の節句。菊にまつわる長寿の風習があります。

菊の花を浸した酒を飲んだり、前日の九月八日、菊の花の上に真綿をかぶせ、九日早朝に、菊の夜露で濡れた綿で体を拭《ぬぐ》う。いずれも菊が持つみずみずしいパワーをもらい、長寿になるといわれています。

冬

★酉《とり》の市《いち》

十一月の酉の日に、鳥にゆかりがある神社で行われるお祭り。江戸時代から続く酉の市といえば、「熊手《くまで》」。米俵や小判、鯛など、縁起の良いものをつけた熊手が売られていますが、これを自宅や会社に飾

ることで商売繁盛にご利益が。

★冬至《とうじ》

一年のうちで最も夜が長く、最も昼が短くなるこの日、たまりきった陰気はこの日を境にゆっくりと陽気に傾いていきます。運勢が転換し、運気の上昇が始まります。その勢いをさらに増し、陽気を逃さないために、かぼちゃを食べ、柚子湯に入りましょう。太陽と同じ黄金色をしているかぼちゃと柚子は太陽の化身そのもの。到来する陽気を先取りして、陰気を追い払うことができます。

年の瀬

★煤《すす》祓《ばら》い

現在は、暮れの大掃除はお正月準備の一環として、各家庭で適宜行っていますが、少し前までは、十二月十三日が全国一斉の「煤祓い」の日でした。お正月に神様を迎えるにあたって、お清めとお祓いを徹底しましょう。

★お節《せち》

お節は「今年一年、食卓が豊かでありますように」との縁起担ぎ。諸説ありますが五段重ねの一例は次の通り。

・**一の重**：祝い肴（黒豆や数の子、田作りなど）
・**二の重**：口取り（きんとんやかまぼこなど）と酢の物
・**三の重**：海の幸を中心とした焼き物類
・**与《よ》の重**：四という字を嫌って、「与の重」といい、山の幸の煮しめをつめる
・**五の重**：中は空のまま。将来さらに家族が増え、繁栄することを願ってのおまじない

最近ではコンパクトな三の重も浸透していて、一の重に祝い肴と口取り、二の重に焼き物や酢の物など、三の重に煮しめをつめます。

一例ですが、お料理にはこんな意味があります。

祝い肴

黒豆……………まめに働けるよう、無病息災

数の子…………子孫繁栄

田作り…………小さくても尾頭付きで、豊作祈願

口取り

きんとん………金団とも書き、金運アップ

伊達巻き………卵料理は子孫繁栄。「巻」は、巻物に通じ、勤勉を意味

紅白かまぼこ…赤は厄除け、白は浄化

昆布巻き………昆布は「喜び」、巻くのは「結び」。慶事で一年をしめくくれるようにとのおまじない

お多福豆………家族が幸せに、笑顔で過ごせますように

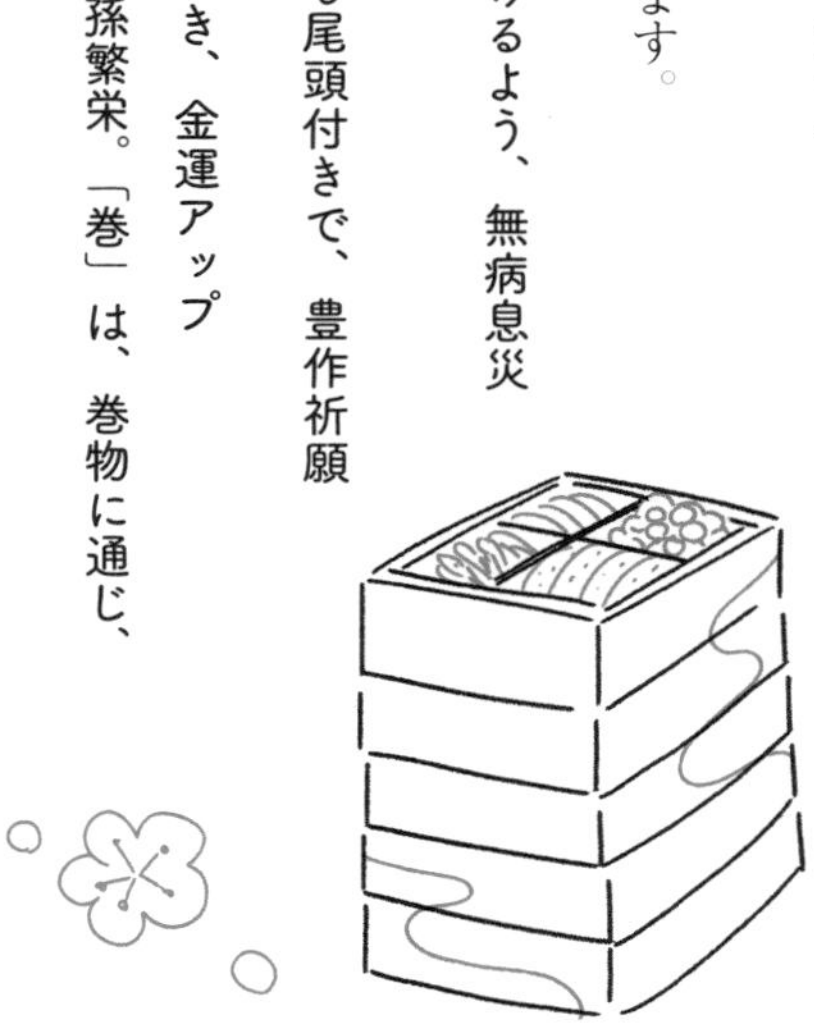

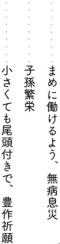

酢の物

叩きごぼう……………大地に根を張って強く生きる

紅白なます……………かまぼこと同じ。大根もまた根を張るので、ごぼうと同じ

焼き物

海老……………「腰が曲がるまで長生きできますように」との願い

鯛……………「めでたい」の語呂合わせ

鰤……………出世魚

煮しめ

さまざまな野菜を合わせて、ひとつの鍋で煮しめることから、家族が仲良く、円満でありますようにとの願いが込められています

★お雑煮

主役のお餅は、以前は年末についていていました。元旦から三が日、お節に添えますが、毎日餅の数を増やしていくと、縁起が良いです。

★年越し蕎麦

細く長く暮らせますように——そんな思いを込めて。またうどんを食べる人は、もっと強い願いを込めて、「太く長く暮らせますように」。

★除夜の鐘

一〇八回、煩悩の数だけ鐘をつきます。その音で、心の不浄を追いやるお祓い。

★二年参り

大晦日の午前中にお参りしてその年の感謝の気持ちを伝え、元日にまたお参りするというものを私はおすすめしています。できれば三十一日～一日にかけてはおうちにいるようにしてください。仕事があっても、二十一時には帰宅しましょう。それによって福の神様があなたのおうちを知ることになり、居座ってくれるんですよ。自宅ではゆっくり新年を迎えてください。タオルや下着は新しいものを身につけましょう。色は赤がいいですよ。

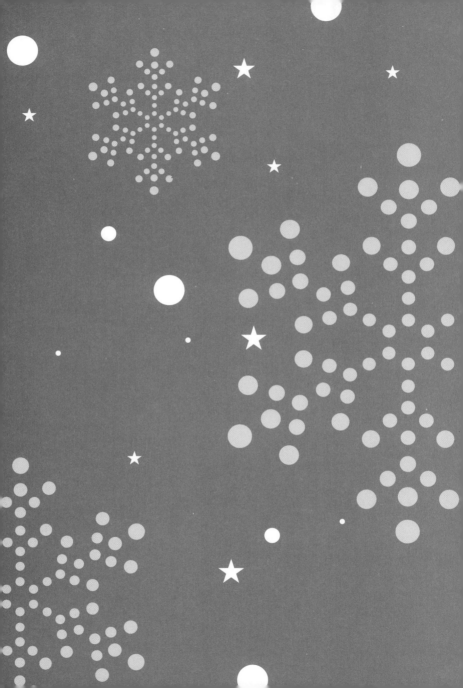

第8章

幸せ上手さんは「付き合い」上手

一緒にいると運が良くなるのは、いつもニコニコしている人、
自立していてポジティブな人――
「陽」の気をまとっている幸せ上手さんです。
一方で、ネガティブで「陰」の気をまとう
幸せ下手さんとは、楽しい時間が過ごせないばかりか、
一緒にいると運気が下がります。
自分のマイナス面を認めず改善しない人、注意しても同じ
失敗を繰り返す人、部屋が汚い人も運が悪いので、
一緒にいると運気の足を引っ張ります。
いろんな人がいるからこそ付き合いに悩むこともありますが、
幸せ上手さんは付き合いも上手。
その習慣には人間関係をハッピーにするヒントがあります。

★「私、運が良い」が口癖

「好き」と言われると嬉しくなるし、「嫌い」と言われれば悲しくなる。

言葉には良い波動を持つものと、悪い波動を持つものがあります。当然ながら、幸運は「好き」などポジティブな言葉に引き寄せられますが、幸せ上手さんはポジティブな言葉を意識的に使います。

たとえば事故に遭った時、幸せ下手さんは「こんな目に遭って最悪だ」と思い、幸せ上手さんは「これくらいの怪我で済んで良かった…」と言います。約束の日、朝から雨が降ったら、「天気が悪くて最悪だ」と幸せ下手さんはこぼすかもしれませんが、幸せ上手さんは「私、晴れ女だからきっと晴れるよ！」と相手の気持ちを高めます。

どんな物事でも自然にポジティブに考える習慣があるので、幸

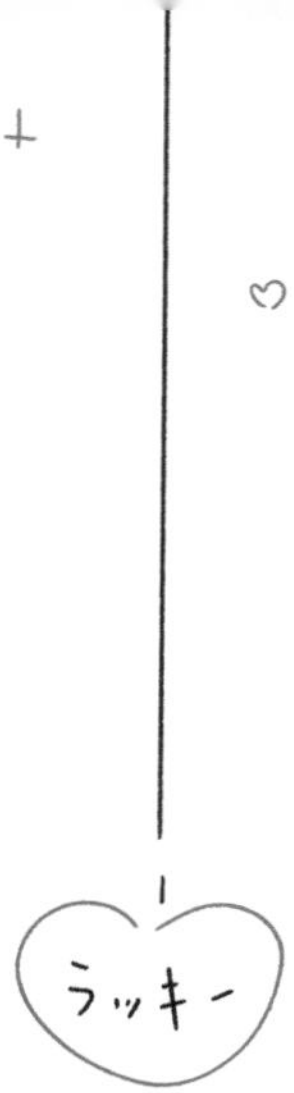

せ上手さんの波動は、いつもキレイに澄んでいて、運も人にも恵まれます。

★気持ちの込もった一言を添える

以前、お仕事の打ち合わせ後に出会ったこんな幸せ上手さんがいました。

私たちのお話が終わる頃を見計らいながら、「たまたま近くにいたのでご挨拶してもいいですか?」とやってきて、打ち合わせの人に「先日はありがとうございました。一日会って伝えたいなと思っていたらこんなところで会えたので嬉しくて。打ち合わせ中にすみません」と、その一言を言うためだけにやってきて、そのまま帰っていきました。

打ち合わせをしていた人もとっても嬉しそうで、その一部始終を見ていた私もとっても幸せな気持ちになりました。

会った時には「今日が待ち遠しかったです」と喜びを伝え、帰り際には「お会いできて嬉しかったです」と別れを名残惜しみ、「気を付けて帰ってくださいね」

と気遣う。

幸せ上手さんは、人間関係においてそうした気持ちのこもった一言を自然に添えることができます。

★エレベーターは「お先にどうぞ」

エレベーターを我先にと降りるか、「お先にどうぞ」と言えるか。周囲にかまわず、慌てて急いで出た時に限って、その先の信号につかまって足止めされたことはありませんか？

「急がば回れ」といいますが、幸せ上手さんはみんなを見送ってからエレベーターを降りるので、「ありがとう」と言われる回数がとても多いです。

エレベーターだけではありません。幸せ上手さんは、相手が喜ぶことで自分も

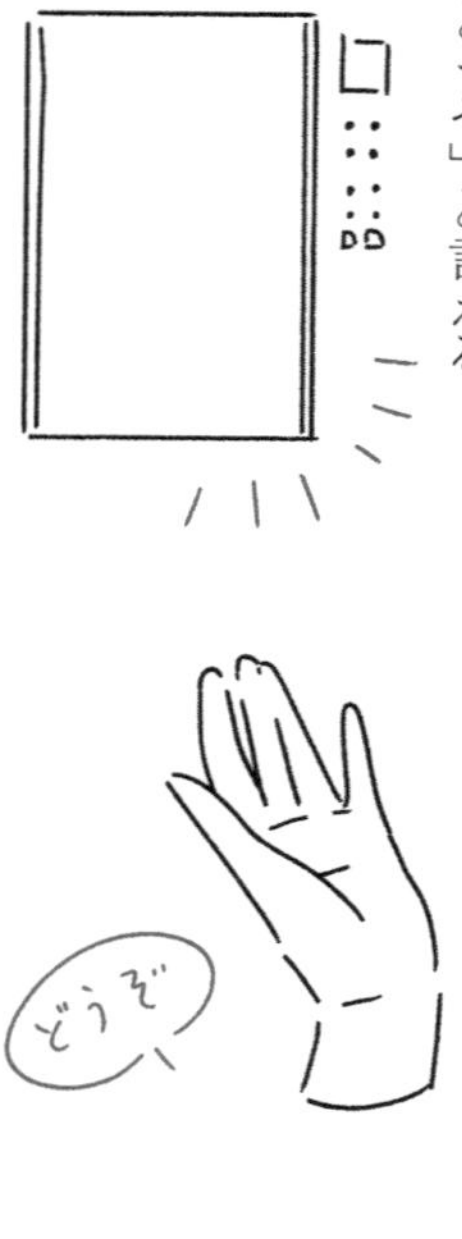

ハッピーになれると同時に、人が嫌がることを避けます。そして自分がされて嬉しかったことに対しては、「ありがとう」と心を込めて伝えるのです。自分、自分にならず、「ゆずる」「思いやり」「人のため」をナチュラルにしています。

★相手にしてほしいことをまずは自分がやる

私のところに来る相談で、恋愛系のお話はとても多いのですが、相手がどう思っているのか、考えているのかわからない、という内容をよくお聞きします。

「メールの返信がない」
「電話をしてくれない」
「もしかして私、嫌われているんじゃないか…」

こうした悩みは相手の態度や言葉に一喜一憂することになり、自分の軸から外れて相手の軸を生きている状態になっています。ですが、自分以外の誰かのすべてを完璧に理解することはできません。

なので幸せ上手さんは、相手にしてほしいことがあったら、まずは自分に何ができるのか考えます。自分がどうしたいか。そのためにどうすれば良いのかを。

★自分が変わる勇気がある

「職場で、仲良しだと思っていた同僚が実は、私のいないところでは私の悪口を言っていた。もう嫌…。仕事辞めたい…」

「上司に怒られてばかりでやる気が出ません…。顔も見たくない」

そうした仕事上の人間関係に悩んでいらっしゃる人。

「夫が仕事ばかりで家のことを何もしてくれません。家事も子育ても…。一生添い遂げるなんて誓わなければ良かった」

「お姑さんとうまくいってません。嫁なんだから、家のことは女がやるものってプレッシャーがすごくて…。私が仕事をしていることに批判的です。夫もかばってくれない。子供はかわいいけれど別れるしかないでしょうか」

家庭の悩みもとても多いです。

相手に振り回されず、自分自身がどうしたらいちばん幸せになれるのか、幸せ上手さんは知っています。幸せ下手さんへお伝えしたいのは、悩んでもいい、考え込んでもいい、ただそれにとらわれすぎないでほしい、ということ。

運命は変えられます。繰り返しになりますが、自分が変わる勇気があるか、自分がどうしたいのかを考えてみてください。占いは決めつけではなく、人生のスパイス。必ず回避方法があるのです。自分の心をないがしろにせず、自分の心が喜ぶことをいちばんにしてほしいなと思います。

★ 時にはNOと言う

あなたは自分を大切にしていますか？

人間関係において、「仕事だから断れない」「嫌われたくないから」といったことも出てくるでしょう。幸せ下手さんは本当は気が付いているのに、でも…だって…と、ついつい自分のことよりも、誘ってくれた相手のことを優先してしまいがちですが、時にはNOと言う勇気も必要です。

あなたがどんなに頑張っても他人を意のままに変えることはできません。あなたが変えられるのはあなた自身だけ。何かにつまずいた時、自分が変わってみることで、流れを変えることもできる。"幸せ上手さん"になることは決して難しいことではありません。あなたも幸せを手にすることができる。私はそう信じています。

★嫌い・苦手、でも「認める」

自分という存在は重要であるという自己認識——

そういった「自己重要感」を満たすことで人は心のバランスが取れるといわれていますが、たとえ嫌い・苦手な人に対してでも、まずはその人を認めようとする気持ちが大切。否定せずに「さすが」「すごい」「すてき」「いいこともある」と褒めたり、その人のいいところを少しでも認めることで、物事が少しずつ循環していきます。

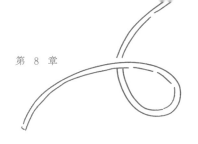

★悪いところを責めない

批判ではなく、励ます。文句ではなく、認めて褒める。幸せ上手さんはそういった発想の転換がとても上手。いつも「陽」の気をまとっています。

たとえば、自分の子供には、できればすべての科目が100点満点であってほしいと願うもの。ですが、たいていそうはいきません。数学だけ1番で、ほかは平均点に満たないといった場合、「どうしてもっと勉強しないの?」と責めたり、怒ったり、問いただしたりしますか? それとも「数学で1番なんて素晴らしい!」と褒めますか?

あるいは勉強はまったくできないけれど、走ったら学校で1番といった場合、その長所を認めてあげられますか?

できないことを責めるより、できることを認める。子育てにおいてだけではなく、職場でも、家庭でも、恋人でも、友人関係でも…。それが幸せ上手さんの人間関係における基本の習慣です。

★嫌いな人、苦手な人を自分の成長の糧にする

人は相手を、敵か味方か、自分の感覚と同じか異なるか、を無意識に判別しながら生きています。自分と似ているか、賛同できるか、褒められるか。自分を否定する人のことは苦手で、その友達にも拒否反応が出ることもあります。そういった心の物差しを持つのは仕方のないことかもしれませんが、ひとりひとりすべての人には魂が宿り、心がある。

人間関係は鏡のようなもの。あなたが微笑めば、相手も微笑みますし、あなたがむすっとしていたら、相手もむすっとします。もしあなたが嫌いだと思う人、苦手だなと思う人がいるなら、相手もあなたに対してそう思うところがあるのかもしれません。

「人のフリ見てわがフリ直せ」といいますが、嫌いな人、苦手な人は自分の悪いところを見せてくれている、と思うようにしている幸せ上手さん。あの人を見ると、一緒にいるとイライラする、モヤモヤする、といった時ほど「なぜだろう…」と、自分に注目します。

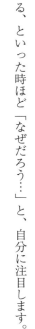

★怒っている人とはたたかわない

幸せ上手さんとはいえ、トラブルに巻き込まれてしまうこともあります。理由もなく怒られてしまうとか…。そういう場合も、決してたたかいません。腹が立つことがあっても、平常心。自分の言葉でゆっくり、落ち着いて話す。スポンジのようなイメージで、その場を受け流します。

そうして相手の温度が下がってきた時に、きちんと話すことを心がけ、無駄な争いを避けています。

★悪口や噂話は言わない、聞かない

すべての言葉は光にもなり、影にもなる。

幸せ上手さんは、言葉という幸せの魔法を使って、自分を幸せにし、人を支えていきます。周りで悪口や噂話が出たら、そっと話題を変えたり、席を外したり、悪い波動から距離を置く——そういった習慣があります。

いつも良い波動の音、心地よいものを好む幸せ上手さんは、悪い波動を持つ悪口や陰口、噂話は言いませんし、聞きません。

幸せ上手さんの「お楽しみ」

STEP 1
「幸せ上手さん度」診断
STEP 2
いまあなたが「欲しいモノ」

ここまで読んできて、いかがだったでしょうか?

あっという間に読んでしまったという人、
読み続けるのが大変だった人、さまざまだと思います。

ここからは少し肩の力を抜いて楽しんでみましょう。
そう、楽しむこと。それが幸せ上手さんの“癖”です。

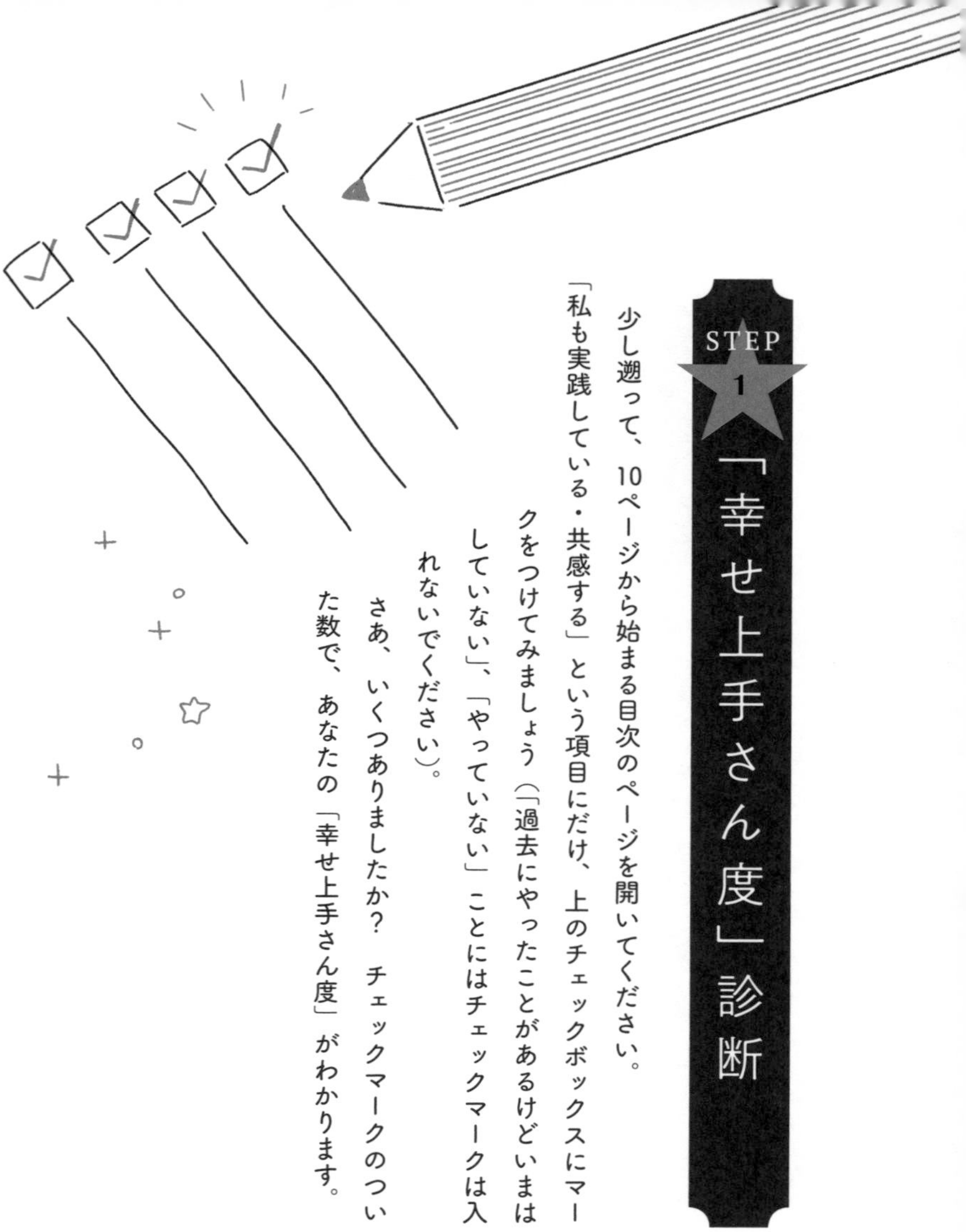

STEP 1 「幸せ上手さん度」診断

少し遡って、10ページから始まる目次のページを開いてください。

「私も実践している・共感する」という項目にだけ、上のチェックボックスにマークをつけてみましょう（「過去にやったことがあるけどいまはしていない」、「やっていない」ことにはチェックマークは入れないでください）。

さあ、いくつありましたか？　チェックマークのついた数で、あなたの「幸せ上手さん度」がわかります。

チェックの数が0～10個のあなた 幸せ上手さん度0%

いまのあなたは幸せ下手さん。

でも大丈夫。幸せ上手さん度0%ということは、あとは1、2、3…と上がるだけですから。視点を変えれば「やれること、チャレンジできること」がたくさんあります。上がるしかないラッキーな状態です。これからの人生、ワクワクを積み重ねていけば、ときめきで満たされた幸せ上手さんになれる可能性は100%。その証拠が、あなたがこの本を手にしたということ。幸せ上手さんになれる素質を持っています。自信を持って。

チェックの数が11～42個のあなた 幸せ上手さん度30%

幸せ下手さんから脱しようと頑張っているところが見えます。

だけど、なかなか周囲に認められなかったり、誰も褒めてくれなかったり、感謝されなかったり…悔しい思いをしているかもしれませんね。ただここで「本当に幸せ上手になれるの？」と半信半疑になったり、他人の評価を重視したりするのは、幸せ上手さんから大きくずれてしまいます。大丈夫、まだまだあなたはできる人。

あなたの頑張りはちゃんと力になっていますから、もっと自信を持って進んでいきましょう。

✓ チェックの数が43～65個のあなた 幸せ上手さん度50％

幸せ上手さんブロンズランク。あなたは、「幸せになりたい」と願い、頭でも「どういう行動が幸せを呼ぶか」を理解しているはずです。そして実際にある程度は実践しているのですが、どこか手を抜いているところはありませんか？ 「面倒臭い」とか「ま、いっか」「あとでいいや」は悪い癖。幸せ上手さんの「ときめき」をもっと感じられるように、そしてさらに幸せを喜べるように、何歳になっても、どんな環境でも、あなたの人生を幸せに導くのは、ほかでもないあなたの力。大丈夫、のびしろは十分です。

☑ チェックの数が66〜89個のあなた 幸せ上手さん度80%

幸せ上手さんシルバーランク。

もうまもなくゴールドランクです。たくさんのときめきに出合えていますが、何かが足りない!? 具体的に何をすべきなのかわからない状態が続いていたのではないでしょうか。

なのでもうあなたは大丈夫。きっといま、それが何かわかったはずです。この本を読んで、その課題はびっくりするほど些細なことだったり、なんとなく難しく感じて避けていたことだったでしょう。

やるべきことがわかった時のあなたは、本当に素晴らしい力を発揮できます。向かうところ敵なしで、これから先のあなたの人生は思っている以上にワクワクした世界が広がっていくでしょう。

☑ チェックの数が90個以上のあなた 幸せ上手さん度100%

幸せ上手さんゴールドランク。あなたは、毎日がときめきで満たされている、正真正銘の幸せ上手さんです。

自分のことも周りのことも大事にできる人だから、きっとあなたの周りには笑顔や感謝が絶えず、心地のよい空気が漂っているはずです。この本の内容はすでに知っている情報でしたね。ただ今回したお話は、幸せ上手さんの「初級編」ともいえる内容。良いことはもっとより良くなるように、感謝の気持ちとともに、パワフルな幸運を引き寄せて、幸せ上手さんの「中級」「上級」を目指しましょう。

STEP 2
いまあなたが「欲しいモノ」

1章から8章までの章の始まりのページをご覧ください。

1章

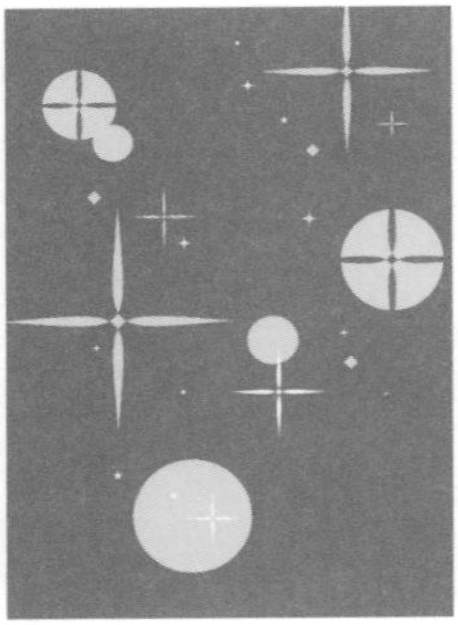

2章

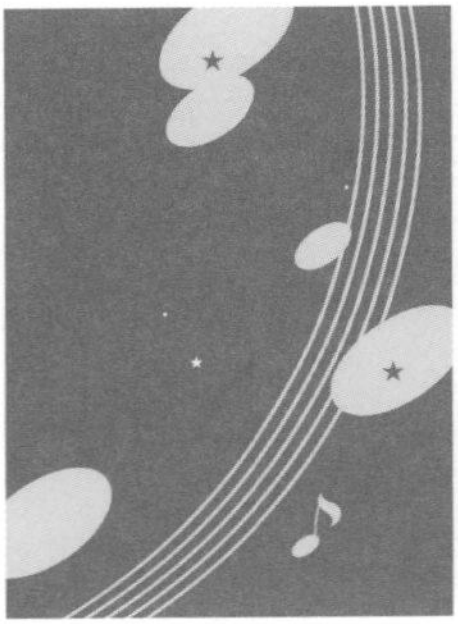

5章

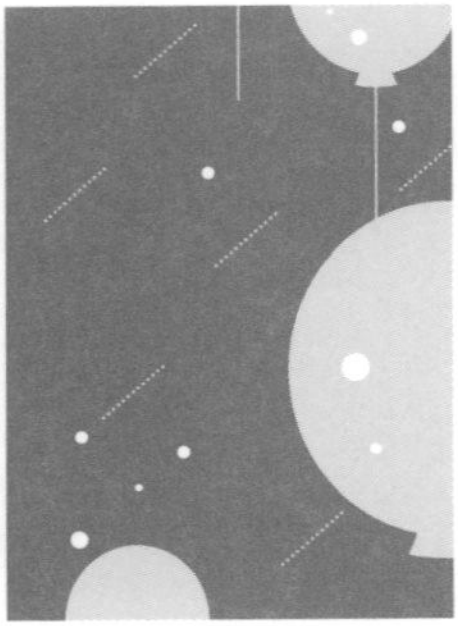

6章

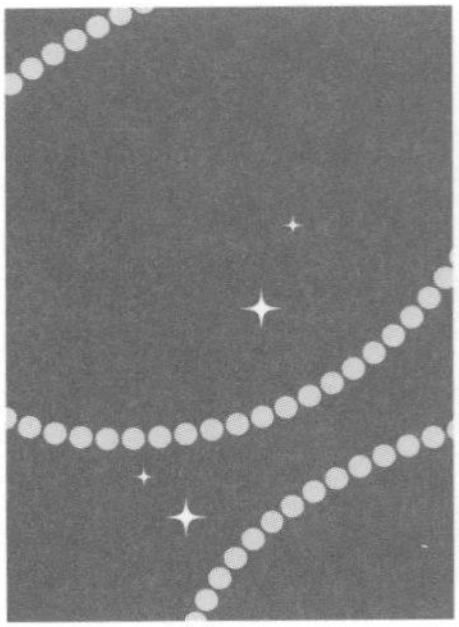

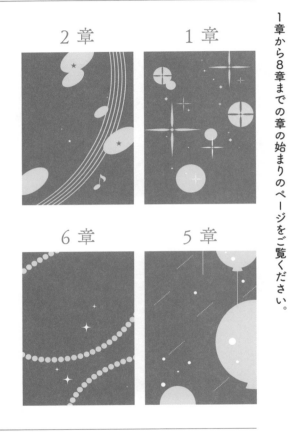

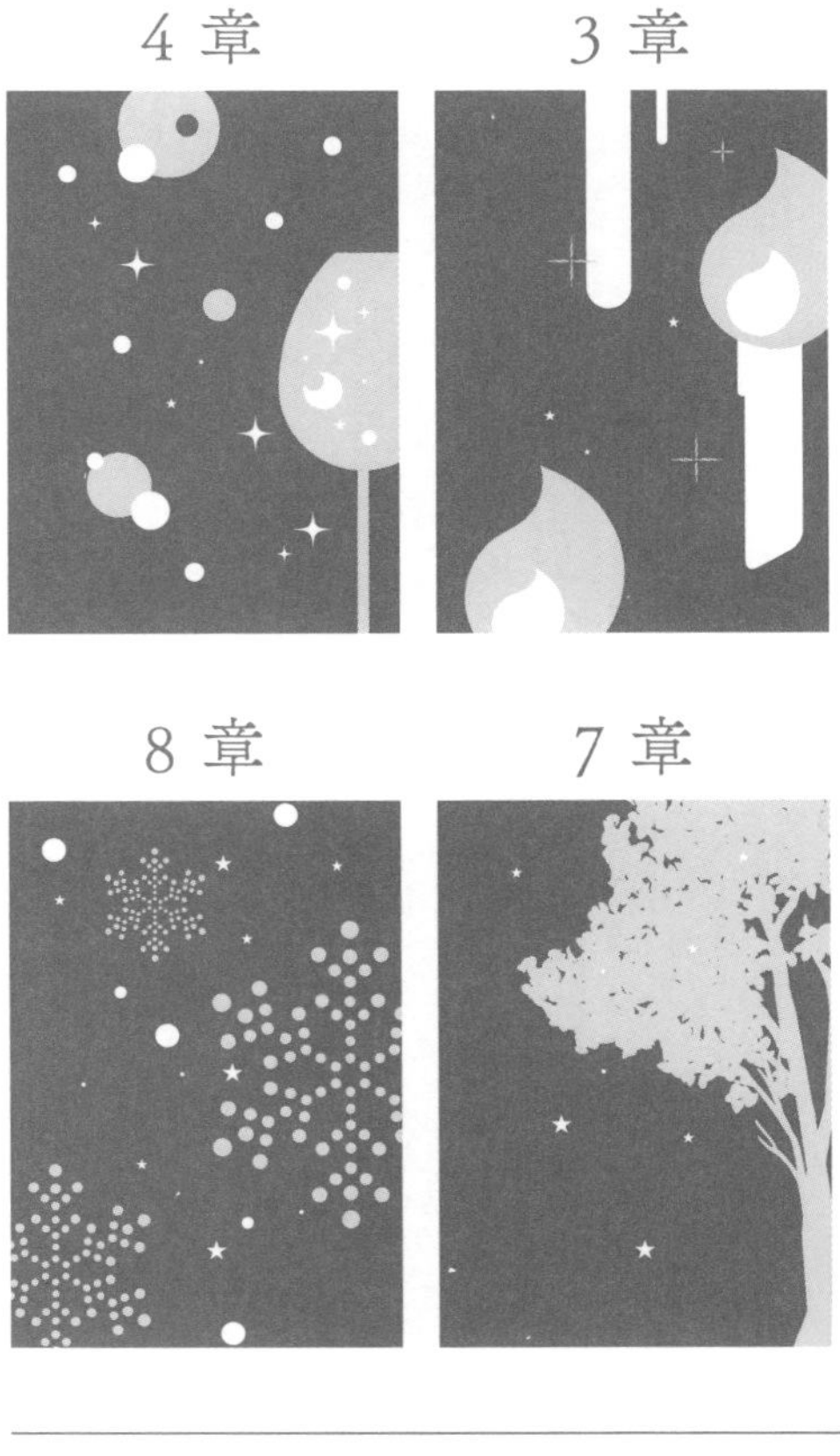

この8枚のイラストのなかであなたがいちばん気になる、あるいは印象に残っているものはどれですか？

選んだページで、あなたがいま無意識のうちに欲しているモノがわかります。

1章の「キラキラした光」を選んだあなた

いまあなたが欲しているものは「エネルギー」です。

頑張りたいけどエネルギーが足りない。少しお疲れの様子。

いまあなたは大地と空からのパワーを受け取りにくくなっているようです。せっかく持っているアンテナが弱くなっている状態です。

そういう時は腹筋や背筋などの筋トレをしたり、ランニングしたりウォーキングしてみたり…。そうやって基礎体力をつけると良いでしょう。特に足腰を鍛えるとアンテナが強化されるので、スクワットもおすすめです。

アンテナが弱っている時は、体の中に、流れていくべきエネルギーが発散できずにたまっていたりもします。知らず知らずのうちにストレスもたまっている可能性があるので、公園などでおひさまの下、自然を感じながら運動したり、大地を踏みしめて自然のエネルギーを取り入れることでストレス発散にもつながります。

2章の「五線譜と音符」を選んだあなた

いまあなたが欲しているものは「素直さ」です。

人生はひとつの曲のようなもの。イントロがあって、Aメロ、Bメロ、サビ…と、楽しい時もあれば、悲しいメロディーの時もあります。

楽譜を彩る音符はあなたの心のままなのに、その楽譜を読めない、あるいはあえて読まずに、音楽を奏でるのをやめてしまっている状態です。

少し前の失敗にこだわって「もういいや」と投げ出しているのか。「どうして」「なぜ」と過去の自分に執着し「もう楽譜は読めない」と頑固になっているのか。

もし立ち止まっていたとしても、あなたは大丈夫。たとえいまが自分が描いた未来でなくても、もう一度別の楽譜を作ればいい。少しだけ角度が変われば奏でるメロディーが変わります。素直な気持ちで向かい合い、傷ついた心をゆっくり「知恵」に変えていけばいい。少し心と体を休ませてみて。

きっとときめく音符が見えてくるはず。

3章の「キャンドル」を選んだあなた

いまあなたが欲しているものは「ぬくもり」です。

恋人に限らず、家族、友達など、「ぬくもり」や「愛」が少し不足している状態です。心がカサカサしてきたなと感じた時におすすめの処方箋はこちら。

・自分が何をしている時に充実感を得られるか、3つピックアップし、それをやってみる。
・あなたが素敵だなと思う人（タレントや身近な人でも）を3人見つけてみる。
・水分補給、栄養補給、集中して3回深呼吸してみる。

少しだけ自分自身が迷子になり、何をしていいかわからなくなると、ぬくもりを感じる力も弱まります。もう大丈夫、心と体にエネルギーをチャージできたら、温かい火が灯りますよ。

4章の「シャンパングラス」を選んだあなた

いまあなたが欲しているものは「時間」です。

いまのあなたは、やるべきことがありすぎて、時間が足りない様子。優先すべきことはわかってはいるけど、気が付いたら時間ばかりが過ぎていく…。

もしかしたら自分軸ではなく、誰かの時間軸に入り込んでいるのかもしれません。このままでは体調に影響が出る恐れも。

やさしいあなたのことですから、相手の都合を優先させすぎて、自分の時間軸に戻れていない可能性もありそうです。「しなければいけないこと」は、本当にあなたが「したいこと」ですか？　一度、ｔｏ ｄｏリストをすべて書き出してみましょう。１か月の予定、１週間の予定と、点を打つようにスケジュールを作り直して。そうして自分の時間を確保しましょう。

5章の「風船」を選んだあなた

いまあなたが欲しているものは「変化」です。

「変わりたい」「このままではいけない」と思いながらも、どこかで変化を恐れ、怖がっている様子。

「本当に大丈夫なのか」と自分を信じる心も弱まり、何かにとらわれている可能性もあります。

風船を選んだ時点であなたの心は自分の世界を、希望という可能性を信じ、飛び立つ準備ができています。もし糸がこんがらがってしまい飛び立てないなら、ほどけばいい。あなたなら糸に集中すればほどくことができるのです。

「こうしてみたい」という魂の声を大切に…。

6章の「ネックレス」を選んだあなた

いまあなたが欲しているものは「コミュニケーション」です。

いまのあなたは、コミュニケーションのキャッチボールができていない可能性があります。それはトークスキルの問題ではなく、誰かと何かを分かち合おうとする、心のつながりができていない状態。もしかするとあなたがシャットダウンをしている可能性も…。

あなたの理解者、ぬくもりはすぐそこに控えていたりします。言葉は話さなければ伝わりません。分かってもらいたいと願うなら、相手を分かってあげようとする気持ちを大切にし、自分から、あなたの言葉で語りかけることで好転していきます。

7章の「植物」を選んだあなた

いまあなたが欲しているものは「癒し」です。

植物は「癒し」を意味します。

普段頑張りすぎているあなたには、癒しが必要です。誰かに癒してもらうのもいいですが、日常生活の中で、自分を簡単に癒すこともできますよ。

オフィスのデスクにちょっとした観葉植物を置いてみたり、一輪挿しでもいいので家の中に花を置いたり、日々の暮らしに植物を取り入れると、その可憐な姿と香りから癒しを得られるでしょう。公園に行ってランチをしたり、自然に触れることも効果的です。

8章の「雪の結晶」を選んだあなた

いまあなたが欲しているものは「栄養」です。

はかなく降り注ぐ雪。結晶は絶妙なバランスで固まっていますが、何かの刺激であっという間に壊れてしまいます。

あなたはいま一見元気に、健康に見えているかもしれませんが、栄養バランスが偏っている可能性が…。すでに胃腸系が弱っていたり、口腔系、息のにおいや口内炎が気になったりしている場合もあるでしょう。体のどこかに違和感を覚えているのに、「気のせい」と見て見ぬフリをしている人もいるのでは？

まずは、バランスの良い食事を心がけ、不摂生や夜更かしをしないようにしてみる。温野菜やスープなど体を温める食事を心がけ、無理をしないようにすることで、あなたの土台が強化されます。

おわりに

最後まで本書を読んでくださりありがとうございます。

幸せ上手さんの日常はいかがでしたか?

すべての習慣を真似しなければいけないのか…と悲観的になった人もいるかもしれません。

「変わりたい」と思っていても、実際「変わる」のが難しく思えてしまう人もいるでしょう。

それまでの習慣は体になじんだもので心地よく、良くないものと頭ではわかっていても、なかなか手放せないものです。

幸せ上手さんのなかにも、そうおっしゃるかたがいます。

そんな時、幸せ上手さんはどうするのか――

良いと聞いたら、まずはやってみる。
習慣にできるかどうかわからないけれど、まずはやってみるんだそうです。そうして新しい景色が見られたり、世界が広がったらステキ！と目を輝かせます。誰もが完璧を目指す必要はありません。

「しなければいけない」
ではなく
「やってみよう」

少しでもそんなふうに感じられたなら、あなたはきっと未来を変えられます。

運命は私たちの心が決める
感じ方、捉え方で変えられる

あなたにもチャンスがあり、少しの変化で未来が変わります。

あなたの世界が光に包まれるよう、より良い未来のヒントになればと思い、幸せ上手さんの習慣をまとめさせていただきましたが、いきなりすべてのことを頭に入れて、実践していかなくても大丈夫。

幸せ下手さんだったとしても、あなたがいま、幸せなのであればそれでいい。

ただ、さっと手にとったそのページに書いてあること、
気になったことからでもいいので、少しずつ生活に取り入れてみると、幸せ上手さんに近づきます。

すべての人は幸せになれる
幸せになることが少し下手なだけ

幸運は引き寄せることができます。

小さなチャンスをさらに感じられるよう、ワクワクやときめく気持ちを大切にすると幸せは増えていきます。


これから、激動の時代が始まります。

毎日ポジティブに、自分軸で歩いていくのが、とても困難になる日も少なくないと思います。

頑固を手放し自由に柔らかく
「でも」「だって」は封印

ひとりひとり、すべての人が主役です。
負ける人なんていない。
まったくできなくたっていい。

微かに光を感じられるなら自分を信じてみてください。
幸せ上手になれる！　と信じてみてください。
この本を読み終えたなら、あなたはもう大丈夫。
この本があなたのお守りに、そしてあなたの光になれたら幸いです。

あなたに星のエネルギーを。
あなたの幸せをお祈りしています。

星ひとみ

著　者

星ひとみ

ほし・ひとみ

★ ★ ★

占い師。巫女の血筋を持つ家系に生まれる。東洋占星術や統計学、心理学などをもとにしたオリジナル運勢鑑定法「天星術」の開祖である。生まれながらの力と経験による知識から導き出す鑑定は圧倒的な的中率で人気を集め、各界に多くのファンを持つ。著書に『星ひとみの天星術』（幻冬舎）。小学館『Cheese!』にて『星ひとみ「天星術」占い』好評連載中。

星ひとみオフィシャルブログ

「Star Eye's」

https://ameblo.jp/hoshihitomi/

幸せ上手さん習慣★★★

2021年3月3日　初版第1刷発行
2021年6月9日　　　　第3刷発行

著　者　星ひとみ
発行人　細川祐司
発行所　株式会社　小学館
〒101-8001　東京都千代田区一ツ橋2-3-1
☎03-3230-5894［編集］03-5281-3555［販売］

DTP　株式会社昭和ブライト
印刷所　図書印刷株式会社
製本所　株式会社若林製本工場

企画協力　中込圭介（株式会社Gオフィス）
星亞巫（Star Eyes サロン）

販　売　斎藤穂乃香
宣　伝　坂本雄司
制　作　遠山礼子
資　材　斉藤陽子
編　集　水主智子
編集協力　辻本幸路
デザイン
イラスト　sa-ya design

造本には十分注意しておりますが、印刷、製本など製造上の不備がございましたら「制作局コールセンター」（フリーダイヤル 0120-336-340）にご連絡ください。（電話受付は、土・日・祝休日を除く 9:30～17:30）
　ISBN 978-4-09-310677-1